感情とはそもそも何なのか

現代科学で読み解く感情のしくみと障害

乾 敏郎 [著] *Toshio Inui*

ミネルヴァ書房

はじめに

　そもそも感情とは何だろうかという疑問に答えることが本書の主題である。うつ病をはじめとする感情障害（気分障害）は今や社会的問題となっている。しかし感情障害について深く考えるためにはまず感情とは何かを明確にしなければならない。これまで感情に関しては多くの研究がなされ，多くのデータが蓄積されている。だが，感情とはそもそも何なのだろうかと考えたとき，私自身なかなか答えには行き着けそうになかった。

　言うまでもなく，科学はデータを集めることが目的ではない。哲学者エルンスト・マッハが言ったように，科学は事実に対する最も単純な説明をその目的としている。疑問が解けそうになかったのは，これまで感情というものをとらえるための考え方の枠組み（トーマス・クーンはこれをパラダイムとよんだ）がなかったからである。ところが，最近感情を含む脳の多くの機能をとらえるための大統一理論が提案された。それは，「自由エネルギー原理」とよばれる理論である。これは，人間や動物の脳がヘルムホルツの自由エネルギーを最小化するように働くことで，知覚，認知，注意，運動などが適切に機能しているという理論である。今から5年ほど前に，この自由エネルギー原理によって，感情や感情障害のしくみがうまくとらえられることが示唆された。本書では，このまったく新しい理論に基づいて感情とは何かについて考えることにする。

　あたまとこころ，身体がばらばらで，つながっていないという言

i

葉をよく耳にする。これはどういうことなのだろうか。感情というものを理解する上では，自分の身体の状態がわかるという脳機能が最も重要である。すなわち，あたまと体とこころがつながっていて初めて健全な感情をもつことができる。そのため，本書では「脳が身体の状態を理解するしくみ（ヘルムホルツの無意識的推論とよばれる機能)」と「脳が身体をうまく調節するしくみ（フリストンの能動的推論とよばれる機能)」についてできる限りわかりやすく説明した。そして感情は時々刻々と変化する身体の状態の理解と環境（状況）の理解から生まれるものであるということを科学的な見方で理解することをめざす。

　後半では，これらのしくみがうまく働かなくなることによって生じるさまざまな感情障害のしくみについて述べる。さらに，こころと体の健康，すなわち well-being を維持するための感情調整，瞑想，催眠などのしくみについても触れることにする。

　　　2017年12月31日

　　　　　　　　　　　　　　　　　　　　　　　乾　　敏郎

感情とはそもそも何なのか
現代科学で読み解く感情のしくみと障害

目　次

はじめに

Ⅰ章　感情を生み出すしくみ

Ⅰ-1.　感情を科学する …………………………………………… 2
感情の彩り　2　／　人間に共通する感情　3　／　感情と情
動は異なる　6　／　感情とともに変化する身体　7

Ⅰ-2.　感情と身体 …………………………………………………… 8
身体の状態を一定に保つしくみ　8　／　環境変化に対応す
るアロスタシス　14

Ⅰ-3.　感情を作る脳のしくみ …………………………………… 16
自分の身体がわかるとはどういうことか　16　／　感情を決
定する2つの要因　17　／　脳のしくみ　19　／　ホメオスタ
シスの回路　21　／　心拍数が上昇するメカニズム　23　／
ホメオスタシスとその設定値の変更　24　／　自己意識と感
情を支える脳の働き　25　／　ラッセルとバレットの円環モ
デルと脳　26

Ⅰ-4.　価値を学習するしくみ …………………………………… 27
価値を付与するシステム　27　／　報酬を評価する側坐核
29　／　報酬評価・報酬予測と行動決定　30　／　大脳基底
核ループの役割　32　／　学習を促進するドーパミン　36
／　第Ⅰ章のまとめ　38

Ⅱ章　感情と推論のしくみ

Ⅱ-1.　知覚と運動のしくみ …………………………………… 42
私たちが見ている世界　42　／　視知覚における推論のしく
み　43　／　なぜ正しく運動できるのか　45

iv

目　次

Ⅱ-2.　内臓の運動制御と感情……………………………47
　　感情を決定するもの　47　／　主観的感情を生み出すもの　49
　　／フォン・エコノモ・ニューロンの役割　51

Ⅱ-3.　他者の感情を知るしくみ ……………………………52
　　like-me システム　54　／　like-me システムによる共感メ
　　カニズム　55　／　観察者の生理指標で他者の感情がわかる
　　か　57

Ⅱ-4.　さまざまな認知機能に対する
　　　　情動と感情の影響……………………………59
　　心拍反応を用いたいくつかの実験　59　／　自律神経反応と
　　記憶・意思決定　61　／　痛みと催眠　62

Ⅱ-5.　注意を払うのはなぜか…………………………63
　　注意とシャノンのサプライズ　63　／　注意とベイズのサプ
　　ライズ　64　／　注意とシナプス　65

Ⅱ-6.　推論の方法……………………………66
　　推論するために必要となる確率　66　／　信号は確率分布で
　　表される　68　／　最大事後確率推定と正規分布　69　／　感
　　覚入力から対象の大きさを推定するネットワーク　72　／
　　注意と精度，予測誤差　74　／　第Ⅱ章のまとめ　76

Ⅲ章　感情障害のしくみ

Ⅲ-1.　感情障害を理解する基本的考え方 ………………80
　　感情障害では予測誤差を低下させられない　81　／　エネル
　　ギー代謝の障害としてのうつ病　84

Ⅲ-2.　うつ病の本質 ……………………………………………… 85

　　うつ病とサイトカイン　85　／　うつ病における炎症反応の
　　測定　88　／　うつ病の発症と経過　90

Ⅲ-3.　その他の感情障害 ……………………………………… 92

　　不安障害と予測誤差　92　／アレキシサイミア（失感情症）
　　と内受容感覚　94

Ⅲ-4.　自閉症・オキシトシンと社会性 ……………………… 96

　　内受容感覚・予測誤差と自閉症　97　／　なぜ自閉症になる
　　のか　98　／　オキシトシンと社会性　103

Ⅲ-5.　不確実な日常を生きる ………………………………… 105

　　不確かさ・共変動バイアス・不耐性　105　／　意思決定と
　　予測　106　／　ソマティックマーカー仮説，意思決定とリ
　　スク予測　109

Ⅲ-6.　自分の感情をコントロールする …………………… 112

　　認知的再評価の神経機構　112　／　勇気をふりしぼって立ち
　　向かうとき　114　／　潜在的感情調整の神経回路　116　／
　　第Ⅲ章のまとめ　117

Ⅳ章　自由エネルギー原理による感情・知覚・運動の理解

Ⅳ-1.　脳はいかに推論を進めるか …………………………… 120

　　脳のベイズモデルのこころ　120　／　自由エネルギー原理
　　とは　124　／　予測誤差最小化とは　125

Ⅳ-2.　脳の階層構造と階層的推論 ………………………… 126

　　脳の階層構造は外界の情報の階層構造を反映している　126
　　／　脳は階層的に推論を進める　127

目　次

Ⅳ-3.　能動的推論——知覚と運動が区別できないしくみ⋯⋯⋯131
　　知覚と運動をとらえ直す　131　／　知覚と運動　133　／　能
　　動的推論とは　137　／　運動制御とアロスタシス　138

Ⅳ-4.　内受容感覚とさまざまな機能⋯⋯⋯⋯⋯⋯⋯⋯⋯⋯141
　　内受容感覚と認知，意思決定　141　／　内受容感覚と催眠，
　　瞑想　142　／　知覚，認知と運動の統合　147　／　環境と
　　感情　149　／　第Ⅳ章のまとめ　150
　　【参考1】自由エネルギーとカルバック・ライブラー情報量
　　153　／　【参考2】予測信号の更新式　154

◉付録　ヘルムホルツ小史
　　業績概要　158　／　ヘルムホルツの思想と人となり　159　／
　　エネルギー保存則　160　／　『生理光学ハンドブック』の刊
　　行　161　／　予測誤差の起源　162　／　帰納的推論の重要性
　　164

point のまとめ　　167

further study のまとめ　　171

文　　献　175

おわりに　191

索　　引　195

vii

Ⅰ章　感情を生み出すしくみ

Ⅰ-1. 感情を科学する

感情の彩り

　わたしたちは，楽しい，悲しいなどの感情を日々経験しながら生活している。また，過去の記憶を思い出すとき，ほとんどの場合その記憶には感情が伴っている。素朴に考えると，感情は行動を決定する重要なカギになっているのだろう。他にも，ある事象は避けなければならないとか，ある事象は努力してでも獲得したいというように，事象の価値とも関係している。誰もが感情をもっているので，そもそも感情がどのようにして脳内で作り上げられているのか，と疑問に思ったことがない人も多いかもしれない。

　しかし一方で，近年感情障害などの疾患が多く見られることからも，感情がどのようなしくみで作られ，また，健常な感情をもてなくなるとはどういうことなのかを考えるのは重要だろう。

　本書では，こうした疑問に向き合い，感情を科学的に探っていく。まず，わたしたちはさまざまな感情を経験するが，感情はどのような特徴で表すことができるのかを考えてみよう。通常，心理学の方法では，まず感情の種類を決め，それに含まれる一対の感情を提示し，それらがどの程度似通っているか（距離が近いか），あるいは似ていないか（距離が遠いか）を測定する。この方法であらゆる対を測定し，それらの距離が何次元で記述できるのかを調べるとよい。その感情の種類によって3次元と2次元のモデルが提唱されているが，以下に述べる多くの基礎研究では，後者の2次元モデルが使われている。

Ⅰ章 感情を生み出すしくみ

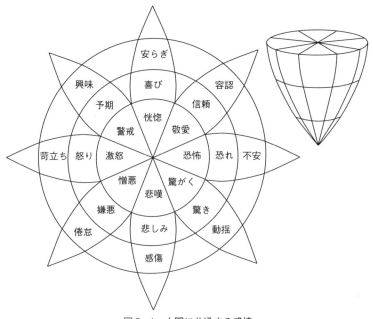

図Ⅰ-1 人間に共通する感情

人間に共通する感情

　プルチックは図Ⅰ-1のような感情の3次元モデルを提案した。この図では，右図の円錐形のような形状の展開図に，さまざまな感情が描かれている（Plutchik, 2001）。たとえば，恐怖を外に辿ってみると，恐れ，不安となり，感情の強さが低下する。他の「驚がく，驚き，動揺」や，「悲嘆，悲しみ，感傷」も同様である。それぞれの感情を円に沿って辿っていくと，感情の強さがほぼ一定で，異なる種類の感情が描かれている。いわば，色彩の色相に対応するものである。プルチックは基本感情を，怒り・嫌悪・悲しみ・驚き・恐れ・信頼・喜び・予期の8つとした。そして反対色のように，反対

3

表 I-1 基本感情

基本 6 感情		幸福, 驚き, 恐れ, 嫌悪, 怒り, 悲しみ
Barrett ら (2001)	ポジティブ感情	幸福, 喜び, 情熱, 楽しみ
	ネガティブ感情	神経質, 怒り, 悲しみ, 恥ずかしさ, 罪悪感

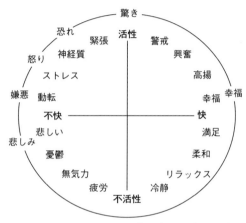

図 I-2 Russell & Barrett (1999) の 2 次元モデル

の感情を喜びと悲しみ, 予期と驚き, 嫌悪と信頼, 怒りと恐れ, が対になっている。心理学では, 表 I-1 のように, 幸福, 驚き, 恐れ, 嫌悪, 怒り, 悲しみの 6 つが人間に共通の特徴だと考えられ基本感情とよばれている。研究者により採り上げられる感情はさまざまである。たとえば, バレットらは, 表 I-1 の下のような 9 種類の感情を採用している (Barrett et al., 2001)。感情の初期の研究では, そもそも感情や情動と言える範囲がぼけていて, 極端に言えば何でも感情や情動と言えるぐらいであった。しかしこれでは科学的研究を進めることは困難である。

ところで, 色に関する脳内での情報処理のしくみはよくわかって

いる。本来，色は光のスペクトルを処理したものであり，スペクトル（色）は虹のように連続的に変化している。われわれはそれをカテゴリに分けて，赤色，青色，黄色などの名前をつけているのである。本来はそのような境界はない。光のスペクトルは脳内で変換され，明度・彩度・色相という3つの属性によって表現される。つまりこの3属性からなる3次元空間上に色が配置される。ここでも色のカテゴリ的境界はない。

　同様に，感情も個々の感情がカテゴリ的に脳内で表現され，それぞれが何らかの脳の実体に対応しているとは考えられていない。感情にもまたカテゴリはなく，いくつかの属性によって表現され，主観的にカテゴリ化することが可能であるということなのである。

　ラッセルとバレットは感情が明度や色相のような共通する属性によって表現されているのではないかと考えた（Russell & Barrett, 1999）（図Ⅰ-2）。そして彼らは感情が感情価と覚醒度という2つの属性によって表現され，その組み合わせによって1つの感情の概念を作っていると考え，それらを中核感情（core affect）とよんだ。

　中核感情は，快-不快（感情価），活性-不活性（覚醒度）の2つの軸で表現することができる。図中の感情の間の距離が，感じる感情の近さを表している。また，円周上には基本6感情との関係が示されている。

👆 **point 1** 感情は，2次元で表現できる。

　ルイスは，感情が分化し発達していくプロセスを図Ⅰ-3のようにまとめたが，生後半年以内に前述の基本6感情に対応する感情が獲得されることが図示されている（Lewis, 2000）。また，自己意識

5

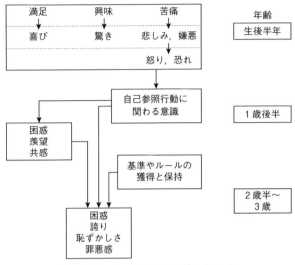

図 I-3 Lewis (2000) の感情分化モデル

や内省ができるようになった後に，困惑，羨望，共感といったより高次の感情が生ずるとされている。

感情と情動は異なる

本書では，感情と情動を区別して使用する。情動とは，外的刺激や内的な記憶の想起に伴って個体に生じる生理的な反応を指す。したがって，これは他者により観察や計測が可能である。一方，感情は，情動の発生に伴う主観的な意識的体験である。そのため，これは基本的には本人にしかわからないものと考えられる。これらの用語は，ダマシオの考えに従った定義である（Damasio, 1999）。本書の最大の目的は，主観的な意識的体験である感情が作られるしくみを明らかにすることであり，同時に感情障害のしくみも考えることである。感情を生み出す一つの要因が身体の生理的な反応であるこ

I章 感情を生み出すしくみ

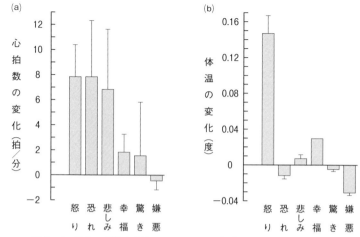

図 I-4 基本6感情を経験しているときの心拍数の変化と体温の変化
出所：Ekman et al. (1983) より作成

とをこれから紹介する。またそのような生理的反応に基づいて正しく感情をもつことができない場合，自己の身体状態がうまくとらえられていないということなのである。この点については後に詳しく議論する。

まずここでは，それぞれの感情に対して身体にどのような生理的反応が生じるのかみてみることにする。

point 2　情動は生理的反応，感情はそれに伴う主観的意識体験。

感情とともに変化する身体

図 I-4 は基本6感情に対する心拍数と体温の変化を示している。怒り・恐れ・悲しみに対しては心拍数が上昇し，怒り・幸福に対しては体温が上昇，嫌悪に対しては体温が減少している。別の見方をすると，怒りに対しては両指標が上昇し，恐れでは心拍数は増加す

7

表 I-2　悲しみと恐れに対する情動の変化

悲しみ	血圧上昇
	不規則な心臓のリズム
	呼吸数減少
	涙の分泌
	顔の筋肉が悲しみの表情をつくる
恐　れ	心拍数と呼吸数の増加
	コルチゾールとアドレナリンの分泌
	血流の再配分
	痛覚消失
	顔の筋肉が恐怖の表情をつくる
	知覚された脅威に集中する注意

出所：Damasio & Carvalho（2013）より作成

るが，体温は逆に低下する。悲しみでは心拍数は上昇し，わずかで
あるが体温も上昇している。嫌悪では両指標とも減少している。こ
のように，わずか2つの生理的指標を見るだけでも，基本6感情を
ある程度識別することができる。さらに感情によって，血圧，心拍
数，呼吸数，ホルモンの分泌量なども変化する（表 I-2）。また，
外部から観察可能な変化も生じる（表 I-3）。このように，各感情
に対してそれぞれ特有の生理変化が生じることがわかるだろう。つ
まり前節で述べたダマシオの定義に従うと，情動の変化が生じると
いうことである。では，情動の変化はどのようなしくみで生じるの
であろうか。

I-2. 感情と身体

身体の状態を一定に保つしくみ

これまで見たような感情に伴う生理反応は，主として自律神経系

8

Ⅰ章　感情を生み出すしくみ

表Ⅰ-3　感情に伴う見えの変化と生理反応

感　情	生理反応
怒　り	血液拡張（赤色化），収縮性の増加（赤色化） 唾液腺（起泡性） 立毛筋（立毛） 瞳孔（収縮） 眼瞼筋（びっくりまなこ）
恐　れ	血管収縮（青ざめる） 汗腺（発汗） 立毛筋（立毛） 瞳孔（散大） 眼瞼筋（びっくりまなこ）
困　惑	血液拡張（潮紅）
嫌　悪	唾液腺（唾液・流唾）
悲しみ	涙腺（流涙）
性的興奮	粘膜液（潤滑） 血管拡張（生殖勃起） 眼瞼筋（下垂瞼）
幸　福	眼輪筋の収縮＋涙腺（瞬き）

出所：Levenson（2003）の表を整理し直し作成

が支配している。神経系は３つに大別される。すなわち，感覚神経，運動神経，そして自律神経である。自律神経系は，循環，呼吸，消化，発汗・体温調節，内分泌機能，生殖機能，および代謝などの不随意的な機能を制御している。自律神経系はさらに，交感神経系と副交感神経系から構成される。

　交感神経系は身体を活動的にするものであり，心拍数の増加，血圧の上昇を引き起こし，その結果，消化器や皮膚への血液量を減少させる。副交感神経系は交感神経系と拮抗し，逆の作用をもつ。すなわち，心拍数の減少，血圧の低下，瞳孔の収縮を引き起こし，消化管や皮膚への血液量を増加させ，排尿機能を亢進させる働きがあ

9

表 I-4 　自律神経が制御する効果器
（エフェクタ）

肝臓, 脾臓, 胃, 小腸, 膵臓, 腎臓, 大腸
心臓, 血管, 気道, 肺
瞳孔, 涙腺, 唾液腺
立毛筋, 汗腺
膀胱, 生殖器

る。以上のような働きから，交感神経はアクセルに，副交感神経は
ブレーキにたとえられる。自律神経系は内分泌系と協調しながら，
以下に述べるホメオスタシス（恒常性）の機能を維持している。表
I-4は，自律神経の一部である交感神経系が，どのような器官と
つながっているかを示している。副交感神経系もほぼ同様に結合し
ている。

　ホメオスタシスとは，外部環境（たとえば気温）に変化があって
も，ある一定範囲内に体内の環境を保つ機能である。これは，自律
神経系と内分泌系によって実現されている。たとえば，気温が10度
になっても，われわれの体温は36度台に保たれたままであるが，こ
れは，このホメオスタシスの機能によるものである。具体的には，
負のフィードバック制御機構が働くことによって，この機能が実現
されている。

　図I-5に，負のフィードバック機構（ネガティブフィードバック
機構）の概念図を示す。ここで，目標値（たとえば体温の場合36度）
を一定に保とうとすることを考える。この場合は，制御対象が身体
だが，さまざまな器官がこれに対応する。実際の制御量が各時点に
おける実際の体温である。その体温を何らかのセンサが検知し，そ
れを目標値にマイナスで戻す。これをネガティブフィードバックと

10

I章 感情を生み出すしくみ

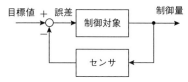

図I-5 負のフィードバック機構の概念図

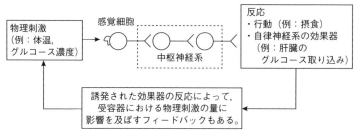

図I-6 感覚器-効果器ループによるホメオスタシスモデル
出所：Ramsay & Woods（2014）より作成

いうが，たとえば制御量が37度になった場合には，目標値との誤差がマイナス1度になるので，制御対象に対して1度下げるように指示できる。これが，ネガティブフィードバック制御の概念である。わたしたちの身体には，このようなフィードバック制御系がたくさん備わっており，そのおかげで生理的状態がほぼ一定に保たれている。

ところで，制御システムによって制御され，実際に作業する部分を効果器とよぶ。手や腕は，脳の運動システムによって制御される効果器である。体温調節の場合は，汗を出す汗腺，体温が逃げないように収縮する皮膚血管などが効果器である。また寒いときに震える動作も広い意味で効果器である。体温調節には，まず体温を検出する感覚器（センサ）が必要で，皮膚には温度感覚器が存在する。

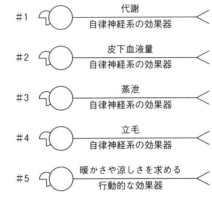

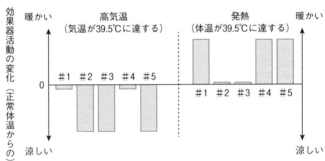

図 I-7 体温調節のホメオスタシス

出所：Ramsay & Woods（2014）より作成

また感覚器に対応するニューロンも存在し，脳の中枢（視床下部）に存在することが知られている（図 I-6）。

図 I-7 は，動物の身体内部の深部体温が 2 つの条件で変化したとき，それぞれの自律神経がどのように対応するかを示している。左は身体周辺の気温が高くなったときで，右は身体が発熱したときである。周囲の気温が高くなると，#5 に書かれているように，涼

I章　感情を生み出すしくみ

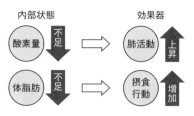

図Ⅰ-8　内部状態と効果器の働き

しい場所を求めて移動をする行動をとる。それと同時に，#2, #3のように，体温を下げるように効果器が働く。一方，発熱した場合には，#5のように暖かい場所に移動する。また，#1と#4のように代謝や立毛が促進される。

point 3 自律神経は，自動的に内臓をコントロールする運動神経である。

　環境に適応するため，ホメオスタシスによって生理的状態が調節される。これは，一般に効果器を制御することにより実現される。たとえば，酸素レベルを調節する場合は呼吸器が制御される効果器となるが，同時に，それにより血液中の酸素濃度の安定性が維持される（図Ⅰ-8）。また，空腹感や満腹感などが食物摂取を調整するが，それらは，体脂肪を蓄積することの調節や維持に寄与する効果器とみなすことができる（Ramsay & Woods, 2014）。しかし，このような調節が実際には複雑であるのは，たとえば食物摂取をすることによって，血糖値や体温が上昇することになるからである。このように1つの効果器を動かすと，他の要因も変化するというように，非常に複雑な関係になっていることに注意しなければならない。

図Ⅰ-9　アロスタシスの概念図

環境変化に対応するアロスタシス

　身体内部の生理的状態がホメオスタシスの設定範囲を超えた場合，その状態は修正され範囲内に収まるように制御される。また，それだけでなく，より高次の脳部位からの信号によって予測的に行われる制御もある。生存していくためには，エネルギーの獲得と蓄積を続けていかなければならない。実際，人間が消費する総エネルギーのうちの約20％は脳活動に利用されると言われている。また，脅威や危険から身を守るために必要な行動をとるには，糖分，水，酸素，電解質などのエネルギー消費が前もって必要となるが，そのためにはエネルギーの必要性を予測し，事が起こる前に準備をする機能が必要となる。また，環境の変化が起こりそうだと予測された場合には，将来起こり得るホメオスタシスの混乱を回避するために，ホメオスタシスの設定値の変更を先に行う。環境の変化に対応できるように，身体の状態を準備するのだが，これをアロスタシスとよぶ（図Ⅰ-9）。このアロスタシスの機能により，免疫系，内分泌系，自律神経系などの活動が調節される。つまり，将来起こり得るホメオスタシスの異常を回避するために予測的に状態を変化させるのだが，これがアロスタシスの役割となっている。

Ⅰ章　感情を生み出すしくみ

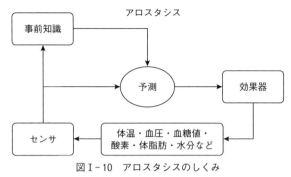

図Ⅰ-10　アロスタシスのしくみ
出所：Sterling (2012) より作成

point 4　自律神経の信号によって内臓の運動制御や行動を引き起こす。

　たとえば，強い直射日光のもとではすぐに体温が上昇するだけでなく，少し遅れて脱水症状のようなことも起こり得るが，脳は環境や身体の変化を予測し，それらの危険な状態を回避するために設定値を変更するのである。仮に敵対する相手と出会うことが予測される場合には，ホルモンや心臓血管などに対する設定値が変更される。また，脱水症状が起こる前には水を飲むという行動を引き起こす。このように事前の知識を用いて予測を行い，内臓の状態を変化させ，さまざまな生理的状態を変更し，その結果生ずる感覚情報を再び中枢に伝えるという予測的制御が行われている（図Ⅰ-10）。

point 5　内臓の変化を中枢にフィードバックするのも自律神経の役割である。

　以上述べてきたように，身体の生理的状態は，ホメオスタシスとアロスタシスというしくみによって決められている。この身体状態が，感情という意識体験の基礎になっているが，感情そのものは脳

で作られているはずである。では具体的に，感情が作られるしくみについて次節で説明することにしよう。

I-3. 感情を作る脳のしくみ

自分の身体がわかるとはどういうことか

今，身体を安静にして眼を閉じ，自分の身体の感覚を感じてみよう。そのとき感じる主な身体の感覚は，内臓感覚である。感覚は３つに大別される（表I-5）。そのうち，外受容感覚は，外からの刺激に対する感覚であり，いわゆる五感である。自己受容感覚は，関節角度の変化などの運動感覚と前庭器官による身体の移動，回転，などの平衡感覚をいう。内受容感覚は，内臓感覚を指し，内臓痛，悪心，満腹，のどの渇き，尿意，便意，性欲などが含まれる。ちなみに，内臓から自律神経を通って脳に信号が伝わる感覚が内臓感覚となる。

一方，身体を動かしているときの身体の感覚は，内臓感覚はもとより，手足などの身体感覚が重要となる。たとえば手足の感覚は，動いているところを見るなら，それは視覚情報で，外受容感覚となる。しかし，自分の身体の状態は必ずしも見なくてもわかる。それは，筋肉に自己受容器とよばれるセンサが付いていて，筋肉が伸びると，伸びたという情報を脳に伝えるからである。これが自己受容

表I-5　感覚の分類

外受容感覚	視覚，聴覚，味覚，嗅覚，触覚
自己受容感覚	筋，関節などの運動感覚と前庭器官による平衡感覚
内受容感覚	内臓感覚

I章　感情を生み出すしくみ

感覚である。つまり，関節角度が大きくなると，わたしたちは自己受容感覚によって身体の変化を感じることができるのである。

自分自身の身体の状態をよく理解することが，「自己（self）」の中核を形成するのに重要となる。また，健全な精神状態を保つ上でも，自分の身体の状態を理解することが重要だと言われている。これを神経のレベルで言うと，身体を構成するさまざまな臓器から出力される神経反応を自分の脳が正しく理解しているということである。図I-11では，予測と書かれているが，この意味についてはII-1.で説明する。

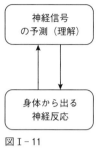

図I-11
身体の状態を理解するしくみ

感情を決定する2つの要因

感情は，内臓の状態を知らせる自律神経反応を脳が理解することと，その反応が生じた原因の推定という2つの要因によって決定される。これを感情の2要因論とよぶ（図I-12）。図中に書かれている予測については後述する。

シャクターとシンガーによるエピネフリン（アドレナリンともよばれる）を用いた実験が1962年に発表されている（Schachter & Singer, 1962）。エピネフリンは興奮性の作用をもつが，実験参加者は，このエピネフリンを投与された群と生理食塩水を投与された群の2群に分けられた。さらに，エピネフリンを投与された参加者に対しても，その効果について正しく説明を受けた参加者と説明を受けなかったか，誤った説明を受けた参加者の群が設定された。そして，参加者の前で，サクラに参加者を怒らせる言動をしてもらった

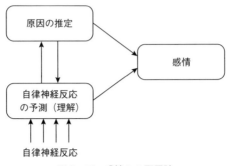

図Ⅰ-12　感情の2要因論

ところ，投与された薬物の効果について正しい説明を受けた参加者は生理的興奮が低く，説明を受けなかったか誤った説明を受けた参加者は怒りの感情を強くもった。このことは，情動を起こす原因の認知が感情に大きく作用することを示唆する。

さらに，ダットンとアーロンの吊り橋実験によっても，2要因論は支持される（Dutton & Aron, 1974）。彼らは渓谷にかかる揺れる吊り橋と揺れない吊り橋の2カ所で実験を行った。どちらの吊り橋でも橋の中央で若い女性がアンケートを求めて話しかけるのだが，その際，結果などに関心があるなら後日電話をしてください，と電話番号を教えた。その結果，揺れない橋のほうからはほとんど電話がなかったが，揺れる吊り橋の参加者からはほとんど電話がかかってきた。これは，揺れる橋での緊張感が恋愛感情につながったのではないかと解釈されている。

感情の2要因モデルを検証した脳イメージング実験がある（Critchley & Harrison, 2013b；Critchley et al., 2002）。これについては，若干脳部位の知識が必要なので，「自己意識と感情を支える脳の働き」で述べることにする。

I章 感情を生み出すしくみ

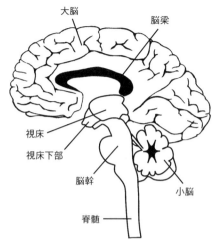

図I-13 中枢神経系の模式図

point 6 感情は自律神経反応と推定された原因によって決まる。

脳のしくみ

自律神経の多くは，脊髄を経て各内臓に信号を送るが，図I-13のように大脳のすぐ下に，視床や視床下部，小脳がある。また，自律神経系は，表I-4に示したように脳幹や脊髄から各内臓に信号を送るとともに，内臓からのフィードバック信号を受け取り，大脳に伝える。

感情中枢は大脳の一部に存在すると考えられている。この部位を説明するために，以下で大脳のおおまかな構造について紹介する。図I-14は大脳を外から見た様子であり，外側面とよばれる。左が前頭葉，右が後頭葉に対応するので，この図は左の脳の外側面を表している。図中の皺のような線は，脳の溝，すなわち脳溝を表して

19

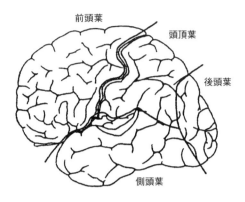

図Ⅰ-14 大脳の4つの区分

おり,この中に外側面の一部が畳み込まれている。このおかげで,脳は小さな空間にもかかわらず大きな表面積をもつようになっている。

ブロードマン(Brodmann, 1908)は,100年前に脳の神経回路の違いによって脳を区分けし,それぞれの領域を領野とよんだ。ちなみにこの領野は,6野,45野というように記述するが,おおよそ,それぞれの領野ごとに異なる機能をもっている。図Ⅰ-15の(a)は左の脳の外側面を示している。4野は前頭葉の最後部に位置し,運動野とよばれている。ここのニューロンが活動することによって,身体の運動が生ずる。また,11野は眼窩前頭皮質の外側部である。

図Ⅰ-15の(b)は前頭葉内側面である。前帯状皮質(ACC)と内側眼窩前頭皮質,内側前頭極を合わせて腹内側前頭前野とよぶ。図の中央の黒い部分が脳梁で,この脳梁を介して,左の脳と右の脳が通信し合う。

また,図Ⅰ-15の(c)の島は,図のように側頭葉によって隠されている。側頭葉を少し手前に引くと島が見える。

I章　感情を生み出すしくみ

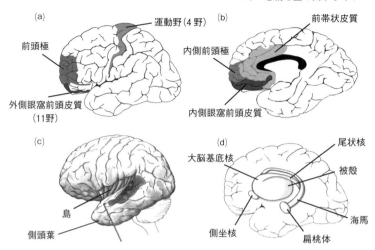

図Ⅰ-15　ブロードマンの脳地図 (a)前頭葉外側面，(b)腹内側前頭前野，(c)島，(d)辺縁系
出所：(c)は Devensky & D'Esposito (2004) より作成。(a)(b)(d)は筆者作成

　大脳皮質の奥，すなわち脳の深いところには，大脳基底核や扁桃体，海馬などが存在する（図Ⅰ-15(d)）。これらは，皮質よりも下に存在するという意味で皮質下回路とよばれることもある。大脳基底核は，線条体と淡蒼球，黒質，視床下核から構成される。そして，尾状核と被殻は背側線条体，側坐核は腹側線条体とよばれることもある。

ホメオスタシスの回路

　体内の状態を一定に保つホメオスタシスは，視床下部，脳幹，脊髄のネットワークによって作られている。このホメオスタシスの基礎をなすのが，自律神経系と内分泌系の機能である。ストレスなどがかかると，扁桃体を通じて視床下部に信号を送り，交感神経と内

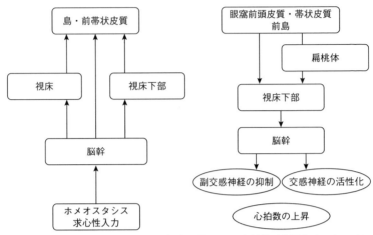

図Ⅰ-16 ホメオスタシス求心性入力経路　図Ⅰ-17 心拍数が上昇するメカニズム
出所：Thayer & Lane（2009）より作成

分泌系が活性化される。しかし、そもそもその信号はどこから来るのだろうか。先に述べたように、ホメオスタシスを維持するためには、効果器を動かす必要がある。つまりは運動制御信号を出さなければならない。それを出すのが、内臓運動皮質（特に前帯状皮質）である。この運動信号が、自律神経、ホルモン、代謝および免疫システムを制御する皮質下の構造（扁桃体と視床下部）を働かせる。内側眼窩前頭皮質は直接自律神経系を支配していないのだが、ここからも類似の信号が発せられる。この違いは非常に重要なので、Ⅲ章のⅢ-5.で詳しく述べる。一方、ホメオスタシスによって変えられた内臓状態の情報は図Ⅰ-16のように、脳幹を経て高次の中枢に伝達される。これが後に述べる内受容信号である。

心拍数が上昇するメカニズム

　たとえば，これから走るぞと決めたときや，これから大勢の前で話をしなければいけないときなど，アロスタシスによって，あらかじめ心拍数を上昇させることがある。この場合，図I-17のように，扁桃体や眼窩前頭皮質，帯状皮質，前島などの高次の大脳皮質から心拍数上昇の信号が視床下部や脳幹に伝達されて交感神経が活性化し，逆に副交感神経が抑制されることにより心拍数が上昇すると考えられている。ダマシオは，情動に対応する一連の活動を誘発する情動トリガー部位が，腹内側前頭前野・扁桃体・脳幹・視床下部だとしている（Damasio, 1999）。また扁桃体から視床下部を経て脳幹への信号は社会性に関する自律神経反応を誘発する。すなわち扁桃体は，情動反応に関する指令を出す。また扁桃体には外界からのあらゆる種類の感覚情報が入力されることが知られており，扁桃体は外界のさまざまな対象物に対して，感情を誘発させる部位であると言える。対象物の情報は，脳幹や視床から直接入力されるものや側頭葉を経て入力されるものもある（図I-20参照）。また扁桃体は新規な刺激に対しても強く反応する。さらに記憶を司る海馬と密接な関係があり，記憶の想起によっても感情が生起されるのはこのためである。

　扁桃体も眼窩前頭皮質も対象が視覚提示された後，短時間で活動する。また古くから扁桃体には，顔に反応するニューロンが多数存在することが知られており，顔の表情に対する自律神経反応が起こるのも，扁桃体によるものだと言われている。たとえば，顔の表情により心拍数が上昇したり減少したりする。またわれわれは，顔を見たときにその人のさまざまな属性を推論するが，両側の扁桃体を

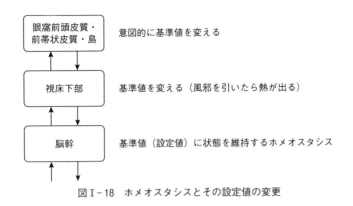

図Ⅰ-18　ホメオスタシスとその設定値の変更

損傷した患者は,顔を見たときの近づきやすさや信頼性の判断がきわめて悪く,誰にでも近づいても大丈夫という判断になる(Adolphs et al., 1998)。

ホメオスタシスとその設定値の変更

　内臓の状態は,あらかじめ決められた設定値または基準値になるように調整されている。たとえば,体温は外気温によらず,一定になるよう調整されている。これは,誤差が生じると,フィードバック制御によってそれを小さくするようにし一定値を保っているのである。

　しかし,状況によってその基準値を変えなければならないことがある。たとえば,細菌が体内に侵入してくると,体温が上がるが,これは上位の中枢である視床下部によって調整されている。さらに,意図的にその基準値を変えることもできるが,それは,眼窩前頭皮質や前帯状皮質(ACC)などの高次の脳部位によるものである(図Ⅰ-18)。

I章　感情を生み出すしくみ

自己意識と感情を支える脳の働き

　大脳皮質の中で，島は外側にあり（外側皮質），帯状皮質は内側にある（内側皮質）ことに注意しよう。内受容信号（内臓の状態を脳に伝える信号）は島の後部に入力され，その信号が前方に送られて，前島で再表現されると考えられている（Craig, 2009a, b：図Ⅲ-1参照）。このように再表現されることによって，われわれは身体をもつ自分自身を意識することができると考えられている。この再表現プロセスは人間だけに見られるもので，サルでは見られないとされている（Craig, 2009a, b）。

　一般に，島は感覚皮質であり，島，特に前島が主観的感情を作り上げていると考えられている。右の島の活動は，エネルギー消費，覚醒，回避的な行動と関連する。一方，左の島の活動は，エネルギーの獲得，すなわち，食欲に基づく行動や親和行動など，総じて副交感神経の作用に基づく行動と結びつく。島が主観的感情生成の中枢であるという点について，先述の感情の2要因論との関係で研究が進められた（Critchley & Harrison, 2013b；Critchley et al., 2004）。実験には，健常者と純粋自律神経不全症患者が参加した。純粋自律神経不全症は自律神経の神経細胞の脱落によって生ずる疾患である。また純粋自律神経不全症患者は，必要な状況でも心拍数や血圧の上昇が起こらなかったり，発汗反応をはじめとするさまざまな自律神経反応が起こらない。つまり身体状態を適切に調節できないのである。また恐れ刺激に対する自律神経の活性化を引き起こせない。

　実験では，顔刺激と嫌悪感を与える音が同時に提示され，顔刺激に対する恐怖条件付けがなされた。また顔刺激を短時間提示することにより（正確には逆向マスキングというテクニックが用いられた）顔

25

刺激が見える条件と見えない条件が設けられた。以上のように，健常群と患者群によって自律神経反応の有無が，マスク条件によって自覚的な意識の有無が統制された。その結果，右前島および中央島の活動は顔刺激が見える場合でかつ健常者の自律神経反応が生じる場合に活動が高く，この部位が意識的評価と生理的情動信号を統合していることが示唆された。これは感情の2要因論を支持しているだけでなく，島が主観的感情の中枢であることを示唆するものである。なお，扁桃体の活動は，刺激が見える見えないにかかわらず健常者で高い活動が見られた。

point 7 前島によって身体をもつ自己を意識することができる。

辺縁皮質は脳梁の周囲にある領域である。一般に大脳新皮質は6層の構造をしているが，これらの領域には第4層がないか，もしくは未発達の状態にある。これはちょうど運動野（4野）と同じ構造となっている。辺縁皮質には，帯状皮質，後部眼窩前頭皮質，海馬傍回および側頭極が含まれる。帯状皮質が運動野と同じ構造をしていることからも，運動皮質であることが理解できる。

ラッセルとバレットの円環モデルと脳

ラッセルとバレットは中核感情が覚醒度と感情価という2つの次元によって表現され，その中でわれわれはその小領域に対して1つの感情の概念を作っていると考えた（Russell & Barrett, 1999）。ウィルソン-メンデンホールらは，さまざまな感情価と覚醒度が異なるシナリオを作成し，それを参加者に聞かせ，参加者はそのイメージをしっかりとつくるよう教示された（Wilson-Mendenhall et al., 2013)。恐れ，幸福，悲しみの感情に対する感情価（すなわち快－不快）の主観評価および覚醒度の主観的評価を行わせ，そのときの脳活動を調べた。その結果，感情価は内側眼窩前頭皮質にマップされ，覚醒度は扁桃体の活動と相関があることが示された。具体的には，感情価が高いほうが内側眼窩前頭皮質の上方で，また感情価が低いほうが下方で符号化されていることが明らかとなった（図Ⅰ-19）。重要なことはこ

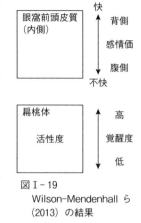

図Ⅰ-19
Wilson-Mendenhall ら
(2013) の結果

れらの脳部位が身体の状態と外界の状態に関する情報にアクセスする部位であるということである。つまり外界の感覚情報を内部のホメオスタシスや内受容情報と統合することによって豊かな主観的な経験をつくることを示唆している。

内側眼窩前頭皮質では感情価の高さに応じた場所で符号化され，扁桃体では活動の強さに応じて覚醒度を符号化している。

Ⅰ-4. 価値を学習するしくみ

価値を付与するシステム

人が何かをするとき，その対象がもつ重要さの度合いが価値である。そして，その価値は対象に対してもつ感情によって決められる割合が高いと考えられる。感情は，対象がない場合もあるが，何らかの対象に対して感じることが多い。対象が人の場合，たとえば先生に対する価値は子どもたちが，何かいいことがありそうとか怒ら

れそうといった先生に対して抱く報酬や罰（マイナスの報酬）の予測ではないかと考えられる。報酬は，ある課題が達成できたとか，褒めてもらってうれしいなどという感情である。先生のほうは，生徒が「あの先生が来てくれたらプラスの報酬がある」と期待するように努力する必要がある。それは子どもたちから見た先生の価値であり，予測される報酬であると言われる。ある品物をもらってうれしい，これは高く売れそうでうれしいというのもその品物に対する価値である。

　さらにある品物を買うか買わないかを決めるのは意思決定である。意思決定にも2種類あり，直感的意思決定と合理的（論理的）意思決定がある。前者はなんとなく決めたという類いのものや，すごくいい！という感情がわき決めることもある。いずれにせよ直感的である。なんとなくというのは感情というよりはむしろ情動とよぶべきものである。直感的意思決定を支配するメカニズムとしてソマティックマーカーが有名である。ソマティックとは「体の」という意味である。ソマティックマーカーは「無意識的」に危険なものは避けよということを体が教えてくれる信号である。これについてはⅢ章のⅢ-5.で詳しく述べることにする。ここでは，対象に価値を付与するシステムについて紹介しよう。

　感覚システムを通じて得られた対象の情報に基づき，対象のカテゴリを認知するのが側頭葉である（図Ⅰ-20）。たとえば，顔を見て誰かを判断したり，植物や動物，人工物の名前を言えるのは側頭葉のおかげである。そして対象が与えられたときに生じる感情によって，対象の価値が得られる。価値は感情と行動に結びついている。たとえば，それが回避すべき対象か，接近したり獲得したりするべ

I章 感情を生み出すしくみ

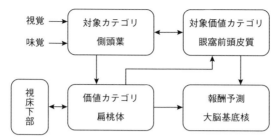

図I-20 対象カテゴリを価値付けるしくみ
出所：Dranias et al.（2008）より作成

き対象かを判断する。そして，この感情システムと側頭葉が前頭葉で統合され，眼窩前頭皮質で対象の価値カテゴリが形成される。また，大脳基底核では，経験を通じて対象の価値を知覚し，そこから得られる報酬を予測する。

point 8　眼窩前頭皮質で価値付けられた対象の認知が可能となる。

報酬を評価する側坐核

モチベーションは行動を決定する上で重要であり，目標に向けて行動を引き起こし，満足するまで行動を持続させる過程または機能をいう。これも感情と密接に関係しているが，モチベーションはどこから生じるのだろうか。それは基本的には動因（drive）と誘因（incentive）による。動因は生体内部から行動を引き起こす力を意味し，誘因は外部からの力をいう。たとえば，おいしい食べ物は誘因になる。誘因の程度を誘因価といい，報酬もまた誘因になる。誘因価は魅力の程度と言える。動物の場合は餌が報酬になるが，報酬を評価している部位が大脳基底核の一部である側坐核のシェルとよばれる部位である。

① 食欲や性欲などの一次報酬

② 金銭などの二次報酬

③ 他者から受けるプラスの評価や他者に対する協力などの社会
的報酬

など報酬量に比例した活動が見られる。つまり人間の側坐核では，金銭，褒められるなどのことが等価となり，報酬は動物とは異なってより抽象的なものになる。そして側坐核で評価された信号は，扁桃体と行動を決定する淡蒼球に伝えられる。

報酬評価・報酬予測と行動決定

報酬予測にはどのような信号が使われているのだろうか。一つには扁桃体，視床下部からの報酬関連信号がある。扁桃体は視床下部と相互作用するが，これがある意味で価値を計算していることになっている。視床下部には糖や塩分，タンパク質，脂肪など，それぞれの血中濃度に反比例するような活動を示すニューロンがある。ブドウ糖の血中濃度が下がると活動し，濃度が高くなると抑制されるようなニューロンが視床下部の外側部にある。これにより，どの代謝物が減ってきたかを知ることができる。そして扁桃体のニューロンは，視床下部の情報を塩分や糖分などそれぞれの成分に分類してまとめる。扁桃体は，視床下部の反応を統合して価値を判断しているのである。このような情報を統合するのが扁桃体であり，「これは自分にとってプラスだ，これは非常にマイナスだ」といった価値を決めることで行動につながる。ここで，扁桃体の役割は対象の価値の決定であって，“逃げる”や“食べる”などの行動の決定ではないことに注意しなければならない。

Ⅰ章　感情を生み出すしくみ

　図Ⅰ-20のように，扁桃体から側坐核に信号が伝わる。一方，側頭葉は対象を見て何であるかを認識する部位であり，たとえばリンゴや車だということのほか，人の名前などを認識する。そして，図Ⅰ-20のように扁桃体と眼窩前頭皮質が結びつき価値を判断する。さらに眼窩前頭皮質が側頭葉と結びついて，たとえばリンゴは価値が高いという判断や，うれしいという感情につながる。物を見るだけで，それに伴う感情あるいは欲求が生じる。すなわち価値付きの認識になるのである。

　次に報酬予測のしくみについて考えよう。たとえば先生が部屋に入って来ると，側頭葉で顔が認識され，その信号が扁桃体に伝わり，将来の報酬（楽しい授業など）や罰（怒られるなど）の予測をする。感情は報酬と結びついていて，将来の報酬の予測に関係する。また，報酬予測は経験を通じて可能となるが，この報酬予測学習においてドーパミンが重要となる。たとえば，先生が入ってきてもすぐによいことが起こるわけではなく，しばらく先にならなければ起こらない。つまり，後に来ることを予測しなければならない。

　ドーパミンは，予測していた報酬よりもたくさんの報酬が得られたとき（つまり予測誤差がプラスのとき）に放出量は高くなり，逆に予測していた報酬よりも小さいとき（つまり予測誤差がマイナスのとき）には放出量が少なくなる。そして，予測していた報酬と同じだけの報酬が得られた場合には特に変化は見られない（Schultz et al., 1997）。予測誤差を計算しながら予測誤差が小さくなるように行動の系列を学習していくと，将来，あの人が来たらこういうことが起こる，と正しく予測できるようになる。これは大脳基底核のおかげで，扁桃体や視床下部の情報が大脳基底核ループに入力され，（報

31

酬を予測することで実行した）さまざまな行為が強められたり弱められたりすることによって最適な行動系列が学習される。

大脳基底核ループの役割

強化学習では報酬予測が重要な機能となり，報酬予測信号は扁桃体や視床下部の情報が基礎となるが，それが大脳基底核の側坐核に入力される。報酬自体は遅れて得られるので，行った行為の記憶も必要となる。記憶を遡ってその手がかりと結びつくというのが強化学習の重要な点である。動物の迷路学習を例に挙げると，餌があるゴールはいろいろ試行錯誤して偶然餌がある位置がわかるとする。この場合，その場所に行けば常に餌にありつけるわけであるが，すぐに道順が覚えられるわけではない。しかも餌場に到達できる道順は一通りではない。こういう状況で道順を覚える学習によって，報酬が最もよく得られるための行動系列がわかる。常に将来の報酬を予測し，各時点での行動決定を行わなければならない。先に述べた側坐核の報酬評価のように，報酬は動物のように餌にありつくといったものだけでなく，人間の場合は，褒められるとか評価されるといったものも報酬である。たとえばできるだけ有名な大学に合格できるというのも報酬となる。この場合，ずいぶん先に報酬が得られるのであるが，そのために現時点，さらに次の時点でどのようなことをすればよいかを考えないといけない。これが報酬を最大化するための行動系列の学習である。大切なことは，行動しながら学習をすることである。頭で考えるだけではなく，実際に試行錯誤を繰り返さないと学習できないしくみであることに注意しよう。

このような報酬の予測機能と得られるであろう報酬が最大になる

I章 感情を生み出すしくみ

(a) 運動ループ

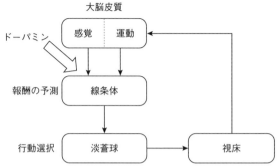

(b) 辺縁系ループ

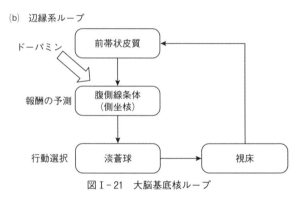

図I-21 大脳基底核ループ

ような行動系列の学習には，図I-21で示した大脳基底核ループが使われている．大脳皮質から線条体に感覚信号や運動信号が入力され，この大脳と大脳基底核の線条体の間の結合が，ドーパミンによって強められたり弱められたりする．これにより，感覚信号によって得られたある時点の状態とそのときに起こすべき行動とが学習されるのである．行動選択を行っているのが大脳基底核の一部である淡蒼球である．また，どのくらい先の報酬を考慮して現在の行動選択を行うかは，セロトニンという物質の量によって決まると言

(a) 運動ループ

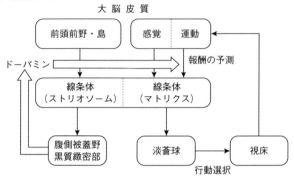

(b) 辺縁系ループ

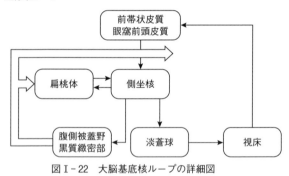

図Ⅰ-22　大脳基底核ループの詳細図

注：(b)では扁桃体と強く統合している。シェルとコアについての回路は恐らくストリオソームとマトリクスと類似していると思われるが明らかではない。

われている。セロトニンが十分だと，先々のこと（報酬）を考えて，現在とるべき行動選択の学習ができるようになる。セロトニンは精神状態の安定化にも重要である。大脳基底核ループによって，入力される情報から，報酬予測や魅力度によって適切な行動が選択され実行される。これを基底核のゲーティング機能とよぶ。

この大脳基底核ループは7つ存在することが知られており，感情

Ⅰ章　感情を生み出すしくみ

と密接に関係するのは辺縁系ループとよばれている（図Ⅰ-21(b)）。後述するように辺縁系ループは対象の魅力を評価し，情報や感情に基づき行動と結びつける働きをもっている。前帯状皮質は内臓運動皮質の一つで，内臓の運動制御に関わっている。また側坐核は前述のようにさまざまなレベルの報酬を評価している。

　大脳基底核は大脳皮質から入力を受け，再び大脳皮質に情報を送り返している。報酬が得られるゴールへといかに到達すればよいかは，このループによって学習される。最近では，こうした学習のための回路の詳細がより明らかになってきた。図Ⅰ-22(a)は図Ⅰ-21(a)の運動ループを詳しく書いたものである。このループの障害として，パーキンソン病やハンチントン病がある。大脳基底核ループは，図の右の線条体のマトリクス部から淡蒼球を経て，視床，大脳皮質へと情報を伝達しており，報酬予測誤差が小さくなるように最適な行動系列が学習される。

　以下にもう少し詳しく説明しよう。図Ⅰ-21(a)と図Ⅰ-22(a)に示した運動ループにおいては，（背側）線条体のマトリクス部である状態においてとり得るそれぞれの行動の価値を学習する。これは報酬を獲得するための行動価値関数の学習とよばれている。一方，線条体のストリオソームでは状態の価値（ゴールまでの近さ）を報酬予測誤差に基づいて学習し，それをもとにドーパミン量が決められていると考えられている。一方，前帯状皮質-側坐核ループから成る辺縁系ループは（図Ⅰ-21(b)，図Ⅰ-22(b)）感情と密接に関係していて，欲求行動や中毒性行動，うつ病などと関係する（うつ病との関係については，Ⅲ-2.を参照）。この回路においても，側坐核の一部（シェル）では，対象に対する誘因価すなわち魅力度を評価し，

35

また別の部分（コアとよばれる部位）では報酬予測誤差を評価し，最適な行動系列を学習しているのではないかと言われている（Saddoris et al., 2015）。誘因価や誘因顕著性は，対象の魅力の程度である。つまり魅力ある対象に対する学習ではドーパミンが多く放出されるのである。また，線条体や腹内側前頭前野のドーパミンは，より大きな努力を払いたいという意欲と相関していることが知られている（Treadway et al., 2012）。また前節で述べたように側坐核の別の部位では報酬予測誤差によってドーパミン量が調節されている。

point 9 大脳基底核ループにより，報酬予測誤差や魅力度などの評価を行い，文脈に応じた適切な行動を決定し実行することができる。

学習を促進するドーパミン

ニューロンは，シナプスとよばれる軸索の先端部にあるボタン状の部分で別のニューロンと互いに結合している。神経信号は軸索を通ってこのシナプスのところにまできて，次のニューロンの電位を上げ下げする。シナプスには，興奮性のシナプスと抑制性のシナプスの2種類あるが，興奮性のシナプスは神経信号が来ると次の細胞の膜電位を上昇させ，逆に抑制性のシナプスは次の細胞の膜電位を下げる働きをしている。

ここで，図Ⅰ-23を見ていただきたい。左のニューロンから右のニューロンに神経信号が伝わることにより情報が伝達され，シナプスの結合の強さwによって処理がなされる。この結合係数が大きければ次のニューロンへの影響が大きいことになり，2つのニューロンは強く結びつく。逆に結合係数がきわめて小さいと2つのニューロンは互いに無関係となる。また興奮性のシナプスではwが正で，抑制性のシナプスではwが負となる。このようにニューロン間の関

I章　感情を生み出すしくみ

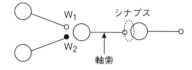

図I-23　ニューロン結合の模式図
注：シナプスには興奮性と抑制性があり，ここでは白丸と黒丸で描いているが，これ以外の描き方もある。

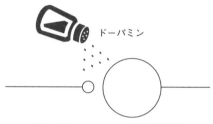

図I-24　ニューロン結合の模式図

係はこの結合係数の大きさによって決まり，持ち上げるものもあれば押さえるものもあり，多数のニューロンが働いている状態はさながら人間社会のようである。

　一般に，学習によってこのシナプスの結合係数を変化させることができる。シナプスの結合の強さが強くなると，図I-23で左からきた神経信号に対して，右のニューロンの応答が大きくなることを意味している。このようにシナプス結合の強さを恒常的に変化させることが学習であるが，脳内の神経修飾物質であるドーパミンによって学習1回あたりのシナプスの変化が大きくなることがわかっている（図I-24）。だから，やる気のあるときは繰り返し学習を行わなくても，1回で学習することが可能なのである。

☞ point 10 ドーパミン（神経修飾物質）によって学習が促進される。

第Ⅰ章のまとめ

感情は内臓の状態とその状態変化が生じた原因の推定の2つの要因によって決まる。前者は自律神経によって運ばれてきた情報から内臓の状態を脳が推論した結果である（内受容感覚）。この推論の過程については次章以降で詳しく述べる。また外界から与えられる外受容信号に基づき，内臓の状態変化が生じた原因の推定（推定）がなされる。この統合部位は島であり，これら2つの情報が統合されて感情が生まれる。

一方，内臓の状態を一定に保持する働きがホメオスタシスである。ホメオスタシスは設定値から状態が変化するとフィードバック制御によって設定値に戻される。身体の状態が設定値から大きく外れることが予測される場合は，前もって設定値を変え，大きなずれが生じても身体が混乱しないようにしている。これがアロスタシスである。ホメオスタシスが受動的な制御であるのに対して，アロスタシスは能動的な（予測）制御である。

行動を引き起こす原動力となるのがモチベーションである。モチベーションは基本的には動因と誘因による。誘因価は対象の魅力の程度であり，それは広い意味での報酬の期待値によって決められる。報酬の評価をしているのが大脳基底核の側坐核である。扁桃体や側坐核と結合している眼窩前頭皮質は対象の価値付きカテゴリの認知に関わっている。側坐核の一部（シェル）では誘因価（魅力度）を評価し，側坐核の別の部位（コア）では報酬予測誤差を評価している。ドーパミンは魅力度や報酬予測誤差に比例して放出され，学習

Ⅰ章　感情を生み出すしくみ

速度が変化する。またドーパミンは意欲と関係している。大脳基底
核は大脳から入力を受け大脳に信号を送り返す皮質—基底核ループ
を通じて，文脈情報や誘因価によって行動の選択と実行（ゲーティ
ング），行動の系列の学習を行っている。

Ⅱ章　感情と推論のしくみ

Ⅱ-1. 知覚と運動のしくみ

　第Ⅰ章で述べたように，「感情＝情動＋原因の推論」である。ま
ず，自己の内臓状態を理解することによって感情が作り出される。
脳は遠く離れた内臓状態を正しく理解する必要がある。内臓から自
律神経を通じて送られてくる信号に多くのノイズが含まれているか
ら単純ではない。また自律神経信号から内臓状態を推論する必要が
ある。さらに，われわれは内臓状態を変化させた原因も推論してい
る。本章では，これらの推論のしくみについて考える。このしくみ
の基礎となるのが，ヘルムホルツ（Helmholtz）の無意識的推論と
よばれる機能である（付録も参照）。ここでは，まず視知覚において
無意識的推論がどのように実現されているのかを考える。

私たちが見ている世界

　外界が見えている状態を一般に視覚イメージとよぶ。この視覚イ
メージは脳内で作られたものである。わたしたちが3次元の実世界
に目を向けることにより，網膜像が作られる。網膜像は2次元であ
る。3次元の実世界からこの2次元網膜像が作られる過程は，物理
学（光学）によって説明されるが，脳は逆に，得られた2次元網膜
像から3次元の世界を推論し，視覚イメージを形成しているのであ
る。わたしたちが見ている世界は，脳が2次元網膜像から3次元実
世界の構造と状態を推論した結果であると言える。またこれは，2
次元網膜像が作られる物理過程とは逆の過程なので，逆光学とよぶ
こともある。言い換えると，得られた2次元データから，それが得

42

Ⅱ章　感情と推論のしくみ

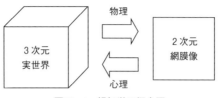

図Ⅱ-1　視知覚の概念図

られた原因（すなわち3次元の実世界）を推論する過程であると考えることができる（図Ⅱ-1）。一般に，2次元のデータから3次元の構造や状態を推論することはできない。しかし，われわれはそれをいとも簡単に，また正確に推論することが可能なのである。このような枠組みは，最初，ヘルムホルツによって考えられ，無意識的推論とよばれている。

point 11　私たちが見ている世界は，脳が網膜像から推論した結果である。

　図Ⅱ-2には3次元の3種類の形状が描かれている。これらの像を投影（極射影）すると同一の画像が得られてしまう。したがって，画像から構造を推論することは一般には不可能なのである。では，どのようにしてこれが可能となるのだろうか。

視知覚における推論のしくみ

　まず，図Ⅱ-3のように，3次元世界の構造や状態が網膜に画像Iとして生成される。そのプロセスは光学Rである。脳内では，画像Iから3次元世界の構造や状態を推論する。しかし，すでに述べたように，画像Iは2次元データであるので，3次元の構造や状態を推定することは一般には不可能である。しかし，脳はこれを巧みな方法で解いており，しかも非常に早い時間で処理を行っている。

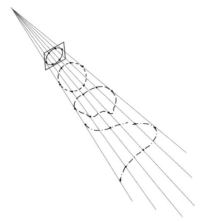

図Ⅱ-2　網膜像は同じだが実形状が異なる例
出所：Barrow & Tenenbaum（1981）

どのようにして，これが実現されているのか。これが筆者と川人氏の疑問であった。当時のコンピュータビジョンの方法では繰り返し計算が多数回必要となり，それをそのまま神経回路で実現しようとするとかなりの時間がかかり現実的でなかった。

　そこで，川人・乾（1990）は次のように考えた。一般に正しい状態Sを推定することはできないが，人間は簡単な法則を知っていて，それを近似逆光学$R^{\#}$として使って画像Iから外界の状態Sを推定すると仮定する。簡単な法則とは，一般には成り立たないが，限られた条件でのみ成り立つような素朴な知識である。その状態Sが正しいかどうかを，脳内で光学Rを用いて逆に画像を生成すると考える。つまり，検証をするのである。すると，実際の画像と期待される画像の間に誤差が生じる。これは予測誤差とも言える。これを再び，近似逆光学の計算を行うことによって，迅速かつ正確にSを推定できることが示された（川人・乾，1990）。また

Ⅱ章　感情と推論のしくみ

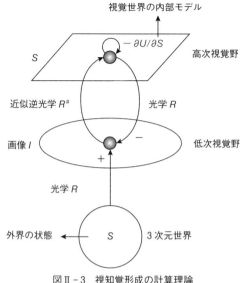

図Ⅱ-3　視知覚形成の計算理論
出所：川人・乾（1990）

脳は，易しい問題は比較的低次で，難しい問題は高次でというように問題を階層的に解いている。これについては，Ⅳ-2.を参照されたい。

☞ point 12 　網膜像からの外界の構造や状態の推定は，予測誤差最小化で実現できる。

なぜ正しく運動できるのか

身体運動は予測制御によって実現されている。たとえば，手や腕を動かそうとした場合，大脳の運動皮質から運動神経系を通じて，手や腕の筋肉に電気信号が伝わる。電気信号が筋肉に到達すると，筋肉は収縮する。これによって関節角が変化し，運動が生ずるのである。手や腕の運動が生じると，その運動を感覚信号としてとらえ

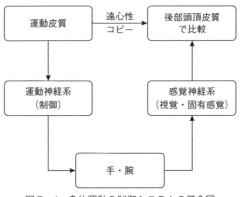

図Ⅱ-4　身体運動の制御システムの概念図

ることができる。たとえば、手や腕を見ていれば、視覚情報が得られるし、筋肉が収縮すると拮抗筋が伸展する。筋肉が伸展すると、その筋肉からその筋肉にある自己受容器によって、自己受容感覚（固有感覚）が中枢に伝えられる。これらの感覚信号を運動のフィードバック信号とよぶ。

大脳の運動皮質から運動指令信号が出ると同時に、どのような感覚信号が返ってくるかを脳は予測する（図Ⅱ-4）。この運動皮質から出る予測信号を遠心性コピーとよぶが、後部頭頂皮質で、実際に返ってくる感覚フィードバックとこの予測信号である遠心性コピーが比較される（Ogawa & Inui, 2007）。そこで大きな誤差が検出されれば、運動の修正を行う。誤差が小さければ、われわれはその運動に対してほとんど無関心である。ここで重要なことは、脳は運動をするとき、その運動の結果を予測しているということである。

point 13　運動するときは、自動的にその結果を予測している。

脳内のさまざまな部位でモニタリング機能が働いている。モニタ

リングというのは何らかの状態を監視するということであるが，もちろん監視している小人が脳内にいるわけではない。通常は上位中枢からモニタリングシステムにこうではないか，こうなるのではないかという信号が送られてきて実際の信号との誤差をとる。誤差が0であれば正しくモニタできているということになる。つまりシステムを理解するために，状態を予測する信号を出すのである。上記の知覚システムも運動制御システムもこのような理解の仕方でうまく働くように作られているのである。このような理由から，図Ⅰ-11や図Ⅰ-12で，「予測（理解）」と書いたのである。

視知覚は網膜から脳に伝えられる信号からその原因を脳が推定した結果なのである。以下では，内臓から送られてくる信号から脳がその原因（内臓状態やその状態を引き起こした外界の原因）を推論した結果が感情であることを説明する。

Ⅱ-2．内臓の運動制御と感情

感情を決定するもの

内臓を制御するのは，内臓運動皮質（前帯状皮質と眼窩前頭皮質）である。ここから前述の手や腕の運動と同様に，運動指令信号が自律神経系を通じて内臓に伝わり，これによって内臓の状態が変化する。内臓の状態が変化すると，その状態は内臓にある内受容器によって中枢に伝えられる。この伝達する神経系も自律神経系であり，これによって生ずる感覚を内受容感覚とよぶ。この信号をここでは，情動とよぶことにする（Ⅰ-1.で述べたダマシオの定義）。

一方，手や腕の運動と同様に，前帯状皮質や眼窩前頭皮質から内

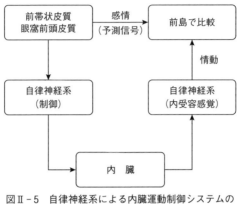

図Ⅱ-5　自律神経系による内臓運動制御システムの
　　　　概念図

受容感覚である感覚フィードバックを予測する予測信号が発せられる（図Ⅱ-5）。この予測信号と実際の感覚フィードバックが前島で比較されると考えられているが，この予測信号こそが感情を構成する重要な一つの要因となる。予測誤差が小さいと内臓状態がよく予測できている（理解できている）ことになる。セスらは，前島から予測誤差を内臓運動皮質に送り内臓制御を調整すると考えている（図Ⅱ-6）（Seth et al., 2012）。

　内臓から送られてくる内受容性信号は島の後部および中部に入力された後，前島に伝えられる。前島は比較器または予測誤差モジュールとして働いているとされる（Palaniyappan & Liddle, 2012）。

　一方，バレットとシモンズは，島の中央から後部に自律神経のフィードバック信号（内受容信号）が入力されるので，ここで予測誤差を見るのではないかと考えている（図Ⅱ-7）（Barrett & Simmons, 2015）。また彼らは，前島において内受容信号だけでなく，視覚，聴覚，触覚などさまざまな感覚が統合され（多感覚統合），対象

Ⅱ章 感情と推論のしくみ

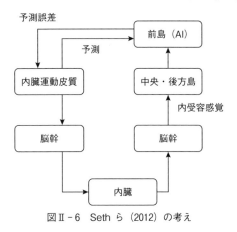

図Ⅱ-6 Seth ら（2012）の考え

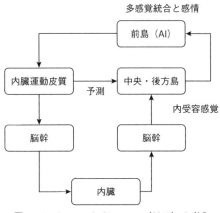

図Ⅱ-7 Barrett & Simmons（2015）の考え

に対する感情が生じるのではないかと考えている。

point 14 情動信号の予測信号が感情を決める重要な要因となる。

主観的感情を生み出すもの

内受容信号と外受容信号の統合および主観的感情状態の生成には，

島皮質が中心的役割を果たしている。島には以下に述べる自己存在感を生み出す機能がある。自己とは何かということについて，長年にわたり多くの研究がなされてきた。最近では，自己は，永続的自己と一時的自己から構成されると考えられている（Gallagher, 2000）。永続的自己は，過去から未来にわたり一貫して存在する自己のことであり，主にエピソード記憶や自伝的記憶が基礎となる。一方，一時的自己（最小自己ともいう）は，自己主体感，自己所有感，自己存在感から構成される。

☞ point 15 一時的自己は，自己主体感，自己所有感，自己存在感から構成される。

　自己主体感とは，ある行為を自分自身で行っているという感覚である。自分が行った行為であるにもかかわらず，他者にさせられたと思う場合があるが，これは統合失調症の陽性症状の一つである「させられ体験」と言われるものである。自分が話をしているにもかかわらず，それは自分の意思で話をしているのではなく，他者によって話をさせられたと考えたり，自分が何か行為を行っているのに，他者にさせられたと感じたりするのである。それでは，自己主体感はどこから来るのだろうか。そして，させられ体験はどのようなしくみによって生じるのだろうか。これについての答えは比較的単純である。それはすでに述べたように，何かある行為を起こす，すなわち運動指令を出すときは，それと同時にどのような感覚フィードバックが返ってくるかを予測している。また，この予測と実際の感覚フィードバックを照合しているということも述べた。この照合が正しくなされれば，予測誤差はないか小さいものになるはずである。このとき自己主体感を感じる一方，何らかの理由によっ

てこの予測誤差が大きくなる場合は，自己主体感がなく，させられ体験が生じていると考えられる。具体的に統合失調症では，感覚フィードバックの予測機構に問題があり，正しく感覚フィードバックを予測できないために予測誤差が大きくなり，させられ体験が生ずるとされている（Frith et al., 2000；Blakemore et al., 2003）。

　自己所有感とは，自分の身体が自分のものである，あるいは，ある行為が自分の身体で行われているとわかる感覚である。これにも同様の説明がなされているが，この点については，Ⅳ-3.「能動的推論——知覚と運動が区別できないしくみ」(131頁) で述べる。

　一方，自己存在感とは，自分が自分の物理的身体の中に存在し，自分がまさにその環境の中に存在しているという実感である。この自己存在感を作り上げている要因はいくつか存在するが，すでに述べた内受容感覚の予測と実際の内臓感覚のフィードバックとの間の予測誤差が小さい場合に，高い自己存在感が得られると考えられている（Seth et al., 2012）。したがって，自己存在感は，予測信号の出力部である眼窩前頭皮質，前帯状皮質と予測誤差を評価する前島（または島中部，後部）によって支えられている。興味深いことに，前島は自己主体感の変化によって影響を受ける（Nahab et al., 2011）。これは，自己主体感と自己存在感を作る機構の間に相互作用があることを意味している。この点についてはⅣ-4.で再びとりあげることにする。

フォン・エコノモ・ニューロンの役割

　すでに述べたように，眼窩前頭皮質内側を含む腹内側前頭前野は，価値や報酬の基本的かつ抽象的表象を支えている（Grabenhorst &

Rolls, 2011)。クレイグは，前島 - 前帯状皮質の結合がフォン・エコ
ノモ・ニューロン（VEN）によって媒介されていることを示唆した
（Craig, 2009a）。VEN は細胞体が巨大で信号伝達速度が速く，ドー
パミン D1 受容体が豊富にある。また前島 - 前帯状皮質の皮質第5
層に存在し，視床下部や脳幹核などに大きな下行性投射を送る。ま
たクリッチリーとセスは，予測誤差による予測の迅速な更新（修
正）に VEN が重要な役割を果たしている可能性を示唆している
（Critchley & Seth, 2012）。

　グらによると，前島は前帯状皮質または前頭前野から来る内受容
信号の予測信号と実際の内受容信号を受け取り，予測誤差が大きい
と感情の気づきが生じる（Gu et al., 2013）。また，前島障害によっ
て，VEN が障害され，その結果感情の気づきが低下することが知
られている。

Ⅱ- 3． 他者の感情を知るしくみ

　1992年に，イタリアのリゾラッティ（Rizzolatti）らのグループが，
サルの F5 野（人間では下前頭回に対応する部位）でミラーニューロ
ンという特殊なニューロンの存在を発見した（Di Pellegrino et al.,
1992）。その後のサルを対象とした生理学的研究では，下頭頂小葉
にもミラーニューロンが存在することが明らかになった（図Ⅱ- 8）。
　まず大切なことは，ミラーニューロンは高次の運動ニューロンだ
ということである。高次の運動ニューロンは，これから行う行為を
指定して，その運動を実行するための指令を発する。たとえば，ち
ぎる，割る，投げるといった動作をするときに活動する。ところが

II章 感情と推論のしくみ

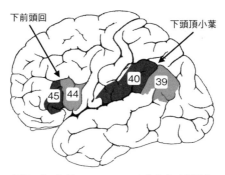

図II-8 ミラーニューロンの存在する脳部位

　ミラーニューロンは，自分が何かの物体を割るときに，割るという行為の少し前に活動する（したがって運動ニューロン）が，他者が物を割るところを見ただけでも活動する。このように，このニューロンは他者の行為を鏡で見ている自分の行為のように反応するため，ミラーニューロンと名づけられた。たとえば，ボールを投げている人の動きを見るだけで，自分がボールを投げるときに使うミラーニューロンが活動することになる。つまり，行為の理解は，視覚だけではなく，自分の運動，つまり身体で理解しているということである。

　さらに2002年に，視聴覚ミラーニューロンとよばれるニューロンが発見されたが，これは，物を割る動作を見るだけでなく，割る音を聞くだけで活動する（Kohler et al., 2002）。つまりミラーニューロンは，視覚だけでなく聴覚とも運動指令信号が統合されているニューロンだということである。

　実際に何かをつまんでいる行為者の脳内では，つまむ動作に関わる運動ニューロンが活動する一方で，その様子を観察している観察者の脳内でもつまむ行為に対応する運動ニューロンが活動するとい

う形で，共鳴が生じていると言える。最近になり脳活動の共鳴は，コミュニケーション場面にある二者間の脳の実際の活動として観測されている。行為を理解する背景には，行為者と観察者の脳の同じ部位が活動し，ある種の共鳴状態になっていることがある。

　また，ミラーニューロンシステムの働きにより，他者の行動を模倣するということも理解しやすくなる。他者の動作を見るとそれに対応したミラーニューロンが働く。ミラーニューロンは運動ニューロンなので，その活動をそのまま実行すれば模倣である。レルミットらの「模倣行動」のような現象（特に指示をされていないにもかかわらず，他者の行動を模倣し続ける前頭前野の障害で生じる現象）が健常者で観測されないのは，前頭葉の働きによって行為の発現が抑制されるからである（Lhermitte et al., 1986）。ミラーニューロンが存在する下前頭回は，左半球では，言語中枢の一つであるブローカ野とよばれる領域である。ここに視聴覚ミラーニューロンが存在するということは，見聞きしたことをものまねすることが可能なのもこのおかげで，音声の理解にもミラーニューロンが重要な役割を果たしていることを意味する。

like-me システム

　like-me システムは，自己と他者を同一視することにより，他者の行為の意図や感情をオンラインで推測するシステムである。つまり，観察した他者の動作からその人の行為の意図や感情を読み取るものである。このシステムはミラーニューロンシステムによって支えられている。すなわち，ミラーニューロンシステムで自己と他者を同一視することにより，他者の行為（の視覚情報）を理解するの

II章 感情と推論のしくみ

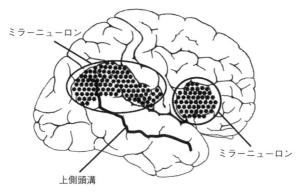

図II-9 like-me システム
出所：乾（2013）

である。ミラーニューロンシステムが働くことにより，自己と他者の脳活動が共鳴していると言うこともできる。これらの部位にあるミラーニューロンが他者の行為を理解するミラーニューロンシステムとして働くためには，後部上側頭溝も機能しなければならない（図II-9）。この部位は，他者の動作の視覚情報（バイオロジカルモーション）の処理に関わる。この部位が下頭頂小葉と相互結合し，さらに下頭頂小葉が下前頭回と相互結合することで，他者の動作を自分自身の運動に対応させることが可能となり，理解へとつながるのである。一方，自閉症ではこの下前頭回の灰白質体積の減少が見られる。すなわち構造的な異常が認められる。また，後部上側頭溝では構造異常は認められないものの活動低下が認められる（Inui, 2013 ; Inui et al., 2017）。

like-me システムによる共感メカニズム

実は，下前頭回にあるミラーニューロンは島を介して扁桃体と相

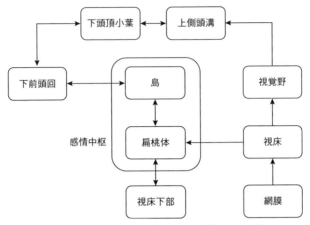

図Ⅱ-10　like-me システムによる共感メカニズム
出所：乾（2013）

互に結合していることが知られている（図Ⅱ-10）。これによって他者の行為を自己の運動と同一視するだけでなく，その運動に伴って生じる感情と結びつけられて，共感という機能が実現されることになる。カーらはヒトにおける共感の神経機構について調べ，下前頭回から島を経て辺縁系へ至る経路がきわめて重要であることを示した（Carr et al., 2003）。自己が痛みを伴う刺激を受ける場合にも，同じ刺激を親しい友人が受けているのに共感する場合にも，前島および吻側前帯状皮質が活性化し，さらに活性化の強さは共感スコアと相関していた（Singer et al., 2004）。また自己が痛みを伴う刺激を受けるときのみに活動したところは後方島や二次体性感覚野であった。共感に関係する経路は，顔の表情から他者の感情を推測することにも同様に関与すると考えられている。共感は，他者の行為に伴う心的状態（感情）に関する情報が提供されるという意味で，コミュニケーションを円滑に進める上で重要となり，協調的で向社会的な行

II章　感情と推論のしくみ

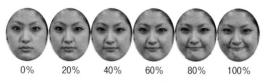

図II-11　表情画像例

注：中性表情から幸福表情へモーフィングした例であり，右の画像ほど幸福表情画像に近い。画像下部の値はモーフィング率を表す。
出所：京都大学こころの未来研究センター（KRC）(2013)
　　　データベースに基づいてモーフィング画像を作成

動の動機付けにとっても重要となる。以上のような脳内ネットワークを基盤とした like-me システムによって，他者の行為の意図を理解したり他者の感情に共感したりすることができるのである。

観察者の生理指標で他者の感情がわかるか

われわれは，他者の表情からその感情を推定することができる。他者の感情を推定するときは，共感的に感情推定を行っている可能性がある。そこで，モーフィング技術を用いてさまざまな表情を作り，参加者に他者の表情から感情の特性（感情価と覚醒度）を評定してもらった（図II-11）。

図II-12は，参加者にモーフィングした表情画像を提示し，活性－不活性，快－不快の評定をしてもらった結果を第I章で述べたラッセルの円環モデルの上にプロットしたものである。したがって真顔の評定は原点にくるはずである。図から，2次元モデル上で他者の感情評定が連続的に変化していることがわかる。また同時に，真顔は原点より少し左に評定されたのでやや不快であるととらえられていることがわかる。

次に，表情観察中の参加者の生理的変化を測定したところ，女性

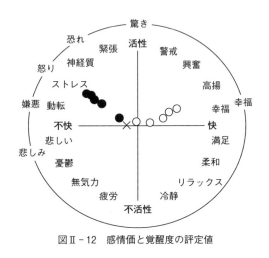

図Ⅱ-12　感情価と覚醒度の評定値

が女性の感情を推定するときには，ネガティブな感情のときに動く眉の間の皺眉筋の筋電，ポジティブな感情のときに動く頬の大頬骨筋の筋電，および心拍数が感情価の評定値を予測した。しかし，女性が男性の感情価を推定するときは，感情価の評定値を予測できなかった。このことから自己の生理的変化は，同性他者の感情表出の強さに対応する可能性が示唆された（山添ら，2017）。

　Ⅰ-1.の「感情と情動は異なる」（6頁）で述べたように，感情に伴う生理的変化は，自己が経験する感情と自己の生理的反応を示したものである。この実験は，他者の感情推定のときに，観察者に生理的変化が生じることを示しているが，これはミラーニューロンシステムにより，他者の表情から推定される感情を共感的に理解していることを示唆するものである。

Ⅱ-4. さまざまな認知機能に対する情動と感情の影響

　ここでは，内受容感度の測定法について述べた後，感情の基礎となる自律神経反応によって認知機能にさまざまな変化が生じることを紹介する。

心拍反応を用いたいくつかの実験

　すでに述べたように，感情は島皮質によって感じることができ，扁桃体，前帯状皮質，眼窩前頭皮質などの活動によって支えられている。またこれらの活動は内臓の状態が反映されている。実際，食道や大腸などを直接刺激すると帯状皮質と島皮質での活動が高くなることが知られている。

　ホーゲフェーンらは，脳損傷患者において自己の感情の知覚や認知機能が障害される程度を調べている（Hogeveen et al., 2016）。具体的には，前帯状皮質などが同程度障害を受けた患者においては，前島皮質の損傷の大きさに依存して，後天性のアレキシサイミアの程度が上昇することを明らかにしている。アレキシサイミアは自分の感情を自覚したり表現したりすることが困難な疾患であるが，これについては，Ⅲ-3.の「アレキシサイミア（失感情症）と内受容感覚」（94頁）で詳しく述べる。ホーゲフェーンらの研究によって感情の知覚や認知に前島皮質がきわめて重要であることが明らかになった。

　内受容感覚に対する感度について調べるには通常，心拍弁別課題が用いられる。心拍弁別課題では個人の心拍を音に変換し，さらに

実際の心拍と時間的にずらして聞かせたとき，参加者がどの程度その遅れがわかるかを調べる。この課題について，右の島皮質の灰白質体積が内受容感覚の感度と高い相関があることが明らかにされている（Critchley et al., 2004）。また，その体積は日常経験する不安傾向とも関連していた。

　また参加者が（実際には運動していないが）身体運動中の心拍数に近い頻度で心拍音刺激を与えると中立的な顔（真顔）をより覚醒度の強い顔であると判断した。このように誤った音フィードバックによる顔の評価の変化は右前島と扁桃体の活動が反映されたものである（Gray et al., 2007）。これは，自己の情動状態の原因推定の誤りであると考えれば，いわゆる吊り橋効果に類する現象であると言える。またこれらの結果は，島皮質内の予測された身体状態と知覚される身体状態の間の不一致によって不安が生じるとするパウルスとシュタインの理論と関連する（Paulus & Stein, 2006）。

　ところで心臓のリズムは，心筋が収縮して血液を全身に送り出す収縮期と心筋が弛緩して心室に血液が流れ込む拡張期を繰り返して形成されている。前者の血圧を最高血圧（収縮期血圧），後者の血圧を最低血圧（拡張期血圧）という。動脈の血管には，圧受容器があり，血圧が上がる（血管が伸びる）とそれに反応し，迷走神経や舌咽神経を通じて延髄，視床，さらには島へ信号を送る（図Ⅱ-13）。これは随意筋の自己受容器と同じ役割であることに注意しよう。心臓の収縮期に顔画像を提示すると，顔の表情によって参加者の表情判断が変化することをグレイらが発見した（Gray et al., 2012）。具体的には，心臓の収縮に嫌悪の表情画像が提示されると，その表情に対する嫌悪の強さの評定が高くなる。心臓収縮期には心臓の圧

受容器が働き,内受容信号として中枢に伝えられる。したがって最高血圧の影響を受けて嫌悪の強さの評定が高くなったと考えられる。そして,この影響は視覚情報と身体情報が入力される眼窩前頭皮質の活動が反映されたものであると考えられている(図Ⅰ-20参照)。これらの知見は他者の感情判断に自己の身体状態が影響することを意味している。

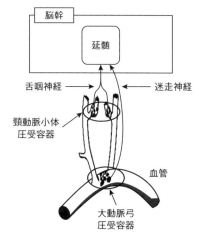

図Ⅱ-13 Critchley & Harrison(2013)より

自律神経反応と記憶・意思決定

ここで自律神経反応と記憶の関係について述べておく。一般に,薬理学的に,末梢あるいは中枢の交感神経作用を増強させると記憶は促進され,交感神経活性を減衰させるβ-アドレナリン拮抗薬によって記憶は低下する(Cahill & McGaugh, 1998)。ところで,通常記憶の検査は,再生と再認という方法で行われる。再生検査は覚えているものを思い出して答えさせる方法である。一方,再認検査では,テスト刺激を提示し記憶したものかどうかを聞く。再認の場合,必ずしも思い出せなくても,なんとなくテスト刺激に親近感があれば記憶していると判断できる。このような親近性に基づく記憶の再認は自律神経活動の活性化によって強められる。そして,それは「既知感」をもたらすが(Morris et al., 2008),この既知感は身体に

よって感じていると言われている。実際，発汗反応や瞳孔反応など
の末梢の自律神経反応が生じる。また，内受容感覚に対する感度が
高い人は，情動的な写真や単語に対する再認記憶が高いことが示さ
れている。

　一方，アイオワギャンブル課題などの意思決定も身体状態と関係
している（詳しくは，Ⅲ-5.「不確実な日常を生きる」(105頁) を参
照）。内受容性の気づきを英語では，gut feeling と言い，直訳する
と「腸の状態の感情」になるが，日本語では「虫の知らせ，第六
感」である。まさに gut feeling が意思決定に関係しているのであ
る。この理由については後に議論する。

痛みと催眠

　催眠によって痛みが軽減されることはよく知られているが，実際
に脳の活動を調べると，触覚や痛覚などを司る大脳の体性感覚皮質
の活動は低下していない。しかしながら，痛み刺激に伴う不快感を
作る感情中枢の一つである島の活動が大きく低下している。そのた
め，強い刺激であることは自覚されるのだが，痛みに伴う不快感が
なくなるのである (Rainville et al., 1999；Raij et al., 2009)。このしく
みはあまりよくわかっていないが，おおよそ次のようなことはわ
かっている。前頭葉には中央実行系とよばれるシステムがあり，こ
れによって脳の各部の情報処理をコントロールできることが知られ
ている。これが催眠導入の際に働くことにより，島の感度が低下す
るか，もしくは島に送られる信号が遮断されるために島の活動低下
が生じると考えられている。詳細は今後の研究を待たねばならない
（詳しくはⅣ-4.の「内受容感覚と催眠，瞑想」(142頁) を参照されたい)。

Ⅱ章　感情と推論のしくみ

Ⅱ-5．注意を払うのはなぜか

　われわれは，外界のさまざまな部分に注意を向けることができる。
また，身体や内臓感覚の一部にも注意を向けることが可能である。
前節で述べた内受容感覚の実験はよい例である。言い換えると，わ
れわれは外受容感覚にも内受容感覚にも注意を向けることができる。
特に内受容感覚に対する注意は感情を理解する上で重要である。

　またⅢ章で述べるように，感情障害では内受容感覚にうまく注意
を向けられなくなることがある。ここでは，まず外界（外受容感覚）
に対する注意機能を支配する法則について考えてみよう。

注意とシャノンのサプライズ

　そもそもわれわれはどのようなところに注意を向けるのだろうか。
主に，視覚的注意の研究を通じて，文脈に合わないようなものが
あったときや，他とは著しく異なる特徴をもっているもののほか，
突然何らかの変化が生じた部分などに素早く注意を向けることが知
られている。これは，もう少し抽象的に表すとどんなところに注意
を向けていると言えるだろうか。

　抽象的に言うと，生起確率が小さいと思われていた事象が生じた
場合に，素早くその部分に注意を向けると指摘できるかもしれない。
これは，情報科学の分野ではシャノンのサプライズとよばれ，この
ような考えを新規性検出仮説と言う。また，人間を含むすべての動
物は，環境に対してサプライズが小さくなるように学習する（つま
り生起確率を学習する）ようになっている。

63

further study 1

> 確率 p で起こる事象が実際に起こったことを知らせる情報に含まれる情報量は $-\log_2 p$（bit）と定義されている。当然，確率 p が小さい場合，つまりめったに起こらないと思われていた事象が実際に生じたときに得られる情報量は大きい。このような理由で $-\log p$ をシャノンのサプライズと言う。ほとんど起こらないと思っていたことが実際に起こったときには大きなシャノンのサプライズになる。

注意とベイズのサプライズ

しかし最近，学習効果によって信念が時間とともに変化するダイナミックな状況においては，注意の現象が別の観点でよりよく理解できることが明らかにされつつある。それは，注意を払ったときに自己の信念（belief）の書き換え度合いが大きくなるところに注意を向けると考えたほうがよいということである。一般に，何らかのデータを観測した前後での知識の変化，あるいは信念の変化の度合いが大きい場合，ベイズサプライズが大きいと言う。このベイズのサプライズが大きいところに注意を向けると考えたほうがよいようである。

この（注意を向ける）事前と（注意を向けた）事後の知識の差は，カルバック・ライブラー情報量とよばれる式で計算することができる。言い換えると，予測と実際に起こったものの差，すなわち予測誤差を表している。これはすでに述べた知覚や感情における予測誤差と同一のものである。だから，予測誤差の小さいところには注意を払わず，大きいところに注意を向けるということになる。言い換

えれば予測と大きく違ったところに注意を払うのである。これは，より主体性を考慮した注意のモデルと言える。一般に，カルバック・ライブラー情報量は，2つの確率分布の非類似度（距離のようなものだが，対称性を満たさないので距離とは言わない）となっている。

further study 2

> 事前分布を$p(x)$，事後分布を$q(x)$とすると，カルバック・ライブラー情報量KLは次のように表すことができる。
> $$KL(q(x)\|p(x)) = \int q(x) \cdot \log\frac{q(x)}{p(x)} dx$$
> 事前分布と事後分布が同じ，つまり変化がないときは0になることがわかるだろう。

point 16　人間は，ベイズサプライズが大きいところに注意を払う。

注意とシナプス

すでに述べたように，ニューロン同士は，シナプスとよばれる軸索の先端部にあるボタン状の部分で互いに結合している。この結合係数が大きいと，次のニューロンへの影響が大きいことになる。

また，学習の場合はこのシナプスの結合の強さが長期間にわたり変化するが，一時的にこのシナプスの結合の強さを強めることも可能である。一般に，神経修飾物質とよばれる物質がシナプスに影響を及ぼし，結合係数を一時的に上げる働きをしている。第Ⅰ章で紹介した，ドーパミンも神経修飾物質の一つである（図Ⅰ-24参照）。シナプスの結合の強さが上昇すると，前のニューロンから来た神経信号に対して，次のニューロンの応答が大きくなることを意味している（正確に言えば，シナプス結合が大きくなるのではなく，次の細胞

への影響が大きくなる。理論では，結合係数に別の係数が乗じるという形式で扱われる）。

　さらに，この処理過程に注意を向けたときには，一時的に次のニューロンの反応が大きくなることが知られている。一般に，注意はこのようにシナプスの「ゲイン」を上げると考えられている。後に述べるように，ゲインを上げることは，自由エネルギー原理（または予測符号化理論）の下では，シナプスに伝わってきた信号の「精度」を上げることに相当する（Ⅱ-6.の「注意と精度，予測誤差」（74頁）および「第Ⅱ章のまとめ」（76頁）も参照。理論では，精度の低い信号は無視される傾向が高くなる。このような意味で注意は信号の精度の予測であるとも言われる）。

Ⅱ-6．推論の方法

推論するために必要となる確率

　ある事象が起こったときに，その原因が何であるかということを推論（一般には推理というが，この分野では推論のほうがよく使われる）する方法について，考えてみよう。これは，正確に言えば帰納的推論と言われる推論の方法である。たとえば，家に帰って窓ガラスが割れているのを見て，その原因を推論することを考える。まず，どの程度の確率で，泥棒が入ったと言えるのだろうか。そもそも，何を根拠にそのような原因の推論がなされるのだろうか。それには，2つの知識が必要である。

　まず，一般に泥棒が家に侵入するときに窓ガラスを割る確率である。一見，これだけで推論が可能になると思われるかもしれないが，

Ⅱ章　感情と推論のしくみ

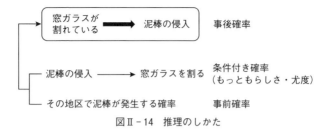

図Ⅱ-14　推理のしかた

実はそうではない。そもそも，窓ガラスが割れた原因は，他にもいろいろ考えられる。だから，泥棒が入ったと強く言えるためには，もう一つ重要な知識が必要である。それは，そもそも自宅がどんな環境に建てられているのかということである。すなわち，その地区ではどの程度の確率で泥棒が発生しているのか，という知識である。

つまり，泥棒が入ったときに窓ガラスを割る確率と，そもそも泥棒が発生する確率に基づいて推論しなければならない。前者を条件付き確率，後者を事前確率とよぶ（図Ⅱ-14）。そして，窓ガラスが割れているのを見て，泥棒が入ったと言える確率を事後確率とよぶ。そして，事後確率は，事前確率と条件付き確率の積に比例することが知られている（Ⅳ-1.で理由を述べることにする）。しかし，窓ガラスが割れているときには，他の原因も考えられる。たとえば，地震が起こったとか，キャッチボールをしていたとかである。では，どうやって窓ガラスが割れた原因を推論するのだろうか。一般に用いられている方法は，最大事後確率推定とよばれるものである。すなわち，それぞれの可能性のある原因に対して事後確率を求め，その事後確率が最大になったものを窓ガラスが割れた原因とするのである。このように，われわれは推論をするとき，条件付き確率と事前確率という2つの知識をもって最大事後確率推定をしていると考え

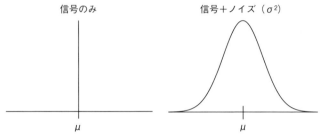

図Ⅱ-15 信号には雑音が含まれるので,信号の強さは確率分布で表される

られている。

信号は確率分布で表される

 たとえばどんな機械であってもたまには故障することを考えてみれば,大抵のことは確率的に動いていると言えるだろう。他者の反応はもっと確率的である。さまざまな信号の強さもまたノイズが含まれているので確率的なのである。

 図Ⅱ-15のように,μの強さの信号があるとする。一般に信号には必ずノイズが混ざっており,神経系にも同様にガウス雑音が混ざっている。したがって,中枢で受け取る信号は,信号にノイズが混ざったもので,図Ⅱ-15の右のように,あるときはμよりも強く,あるときはμよりも小さくなっている。そしてその確率分布は,平均値がμで分散(バラツキの幅の2乗)がσ^2の正規分布の形をしている。感覚信号はまさに,このように正規分布の形でとらえることができる。もちろん,刺激の強さを強くすればμの値も大きくなる。

最大事後確率推定と正規分布

先で述べたように，原因の推論とは事後確率を最大化する事象を見つけることであった（最大事後確率推定）。外界の事象はほとんど確率的に生起する。それはまた多くの場合，正規分布とよばれる確率分布で書くことができる。

平均値が μ，分散が σ の正規分布は，

$$f(x) = \frac{1}{\sqrt{2\pi\sigma^2}} e^{-\frac{(x-\mu)^2}{2\sigma^2}}$$

のように書けるが，数学では見やすいように次のように書く。

$$f(x) = \frac{1}{\sqrt{2\pi\sigma^2}} \exp\left(-\frac{(x-\mu)^2}{2\sigma^2}\right)$$

さてここで，光の強さや音の大きさ，対象の大きさを ϕ とすると，これが生起する確率は正規分布で記述することができる。もう少し正確に言うと，平均値と分散が既知であり，ここではそれらを V_p と σ_p^2 とする。これは推論するための前提となる知識で，事前分布である。この分布は経験によって獲得される。すなわち，

$$p(\phi) = \frac{1}{\sqrt{2\pi\sigma_p^2}} \exp\left(-\frac{(\phi-V_p)^2}{2\sigma_p^2}\right)$$

と書ける。

この情報を脳に伝える神経信号について考えてみよう。図Ⅱ-15で示されたように通常の信号の強さも正規分布で表すことができる。通常 ϕ の大きさに応じて信号は強くなるが，信号の強さ（の平均

値）が ϕ そのものであるはずがないし，ϕ に比例しているわけでもなく，実際には ϕ の非線形な関数 $g(\phi)$ の大きさの信号が発生する（この関数の形もわかっているが，ここでは単純化のために詳しく述べない）。そこで，ϕ が生じたとき信号 u が生じる条件付き確率は，分散を σ_u^2 として，

$$p(u \,|\, \phi) = \frac{1}{\sqrt{2\pi\sigma_u^2}} \exp\left(-\frac{(u-g(\phi))^2}{2\sigma_u^2}\right)$$

と書ける。信号 u は次のように書くこともできる。

$$u = g(\phi) + \varepsilon$$

$$P(\varepsilon) = N(0,\, \sigma_u^2)$$

ここで，$N(0,\, \sigma_u^2)$ は平均値が 0，分散が σ_u^2 のノイズである。この式の方が，「信号＋ノイズ」の説明図である図II-15 がよく理解できるだろう。

　先に述べたように，事後確率は事前確率と条件付き確率をかけたものに比例する。そこで，上の事前確率と条件付き確率の積を計算する。

$$e^A \times e^B = e^{A+B}$$

を使うと事前確率も条件付き確率もともに正規分布なので，それらの積もまた正規分布と同じ形をしている。

$$p(\phi) \cdot p(u \,|\, \phi) = \frac{1}{2\pi\sigma_p\sigma_u} \exp\left(-\left(\frac{(\phi-V_p)^2}{2\sigma_p^2} + \frac{(u-g(\phi))^2}{2\sigma_u^2}\right)\right)$$

Ⅱ章　感情と推論のしくみ

事後確率が最大になる ϕ を見つけることによって，ノイズを含む信号 u から外界で生起した ϕ を推定できる（最大事後確率推定）。別の言い方をすると，「信号 u が生じた原因を推定できる」のである。

そして，事前確率と条件付き確率の積の指数部は

$$-\frac{1}{2}\left(\frac{(\phi-V_p)^2}{\sigma_p^2}+\frac{(u-g(\phi))^2}{\sigma_u^2}\right)$$

なので，これを最大化すればよい。

e^{-A} の最大値は A が最小になるときに得られるので，

$$\frac{1}{2}\left(\frac{(\phi-V_p)^2}{\sigma_p^2}+\frac{(u-g(\phi))^2}{\sigma_u^2}\right)$$

を最小化する ϕ を求めればよい。

これで原因の推定が可能になるのである。ここで，

$$(\phi-V_p) \text{ および } (u-g(\phi))$$

は誤差（平均値からのずれ）である。上式を最小化する ϕ を求めるには，上式を ϕ で微分して，関数の傾きを求めると

$$\frac{\phi-V_p}{\sigma_p^2}-\frac{u-g(\phi)}{\sigma_u^2}g'(\phi)$$

となり，この傾きが限りなく 0 になる ϕ を求めることになる。しかしこの値を脳が数学のように解析的に解いているはずがない。通

71

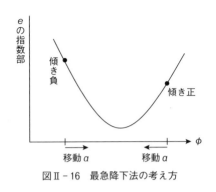

図Ⅱ-16 最急降下法の考え方

常神経回路が解く方法はϕの値を自動的に変化させて最小値になったところで止まるようなやり方である。数学的には最急降下法とよばれているような方法であり、ここではそのこころを説明する（図Ⅱ-16）。図では、仮に関数の形が放物線であったとして書かれているがどんな形でもかまわない。ϕの値を少し動かしてみる。傾き正の点では、ϕの値を小さく、傾き負の点ではϕの値を大きくする。すると徐々に関数の谷底に近づき、関数の傾きが0になるところでストップすることがわかる。このような処理はごく簡単に神経回路で実現することが可能である。神経回路網の処理は電気的に行われるので一瞬にして求められるのである。

point 17　事後確率（＝事前確率と条件付き確率の積に比例）を最大化する、つまり最もよく起こると思われる原因を探す。

感覚入力から対象の大きさを推定するネットワーク

ここで眼前にある対象の大きさϕを推論するとしよう。図Ⅱ-17を使って詳しく説明すると、まずこのシステムには対象を見たときに生成される信号uが入力される（入力にはノイズが含まれている）。また上位中枢からは対象の大きさの平均値（事前知識）V_pが入力さ

Ⅱ章　感情と推論のしくみ

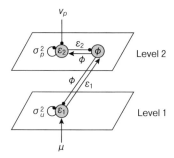

図Ⅱ-17　眼前にある対象物の大きさを推定（知覚）するネットワーク

れる。そして図のように予測誤差 ε を最小化することによって脳内で外界に存在する対象の大きさ ϕ を推定することができる。つまり視覚神経信号 u から，外界の対象の大きさ ϕ が推定できる，すなわち無意識的推論によって知覚されるのである。なお図Ⅱ-17では，$\varepsilon_1 = \dfrac{u - g(\phi)}{\sigma_u^2}$，$\varepsilon_2 = \dfrac{\phi - V_p}{\sigma_p^2}$，$g(\phi) = \phi$ とした。より一般的なネットワーク構造は，図Ⅳ-3を参照。図中の矢印は興奮性のシナプスを，黒丸は抑制性のシナプスを表す。ϕ は大きさを推定する信号である。Level 2 から Level 1 へ，大きさは ϕ ではないかという予測信号を送り，ε_1 では入力との誤差を計算し Level 2 に送り返す。この誤差が，トップダウンの（上から下への）信号 ϕ によって完全に抑制できると正しい推定ができたことになる。これは誤差信号の抑制とよばれ，脳内では至るところで見られる。また，脳波でもミスマッチ陰性電位として知られる。V_p は事前知識であり，ε_2 は平均的な物体の大きさから眼前の物体の大きさがどれだけ外れているかを計算している。これを一般化すると，知覚と認知がどのように（切れ目なく）関係しているかがわかるだろう。

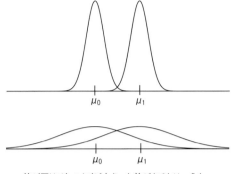

差が同じでもノイズが大きいと差があるとはいえない
図Ⅱ-18　分散（ノイズ）の大きさが異なる信号

注意と精度，予測誤差

ところで，フリストンの自由エネルギー原理の重要な概念として，「精度」という用語がしばしば使われる。またこの精度はニューロンの働きを説明する上できわめて重要な役割を果たす。とりわけ「感情障害の理解」に対して重要な概念なのである。正確には精神疾患を理解する上で重要であることが指摘され，「精度精神医学」とよばれている。その意味について少し考えよう（図Ⅱ-18）。今述べたように最小化するのは，$\frac{(x-\mu)^2}{2\sigma^2}$（のような関数の和）であり，誤差$(x-\mu)^2$ではない。すなわち，$\frac{1}{2\sigma^2}$がこの誤差にかかっているのである。定数は，最小化することには関係ないので，$\frac{(x-\mu)^2}{\sigma^2}$が重要な役割を果たすのである。ここで分散は信号のゆらぎである。そして分散の逆数を精度とよぶ。したがって，信号のゆらぎが大きい，すなわち，ノイズが大きい場合にはこの精度によって重みづけられた誤差は小さくなる。ノイズが大きい場合は誤差がないと見なされることもあるということである。

したがって，前述の最小化すべき関数は2つの精度で重みづけら

Ⅱ章　感情と推論のしくみ

れた（予測）誤差の和である。だから精度で重みづけられた（予測）誤差の和が小さくなるように ϕ を変化させるとよい。そして予測誤差はいずれも ϕ の関数である。ϕ の値（仮説とも信念とも言う）を1つ決めればそれで（予測）誤差が決まる。そして図Ⅱ-16のように傾きを計算して谷を徐々に下っていくと答えが決まる（信念の更新）。つまり，脳は感覚情報（と事前知識）から外界の物体の大きさが推論できるのである。これを神経回路で解くのは簡単なのである。これはⅡ-1.で述べた推論の方法（川人・乾，1990）と同じである。

　以上で，予測誤差を最小化することによって，事後確率を計算できることが理解できたであろう。しかし，もう1つ重要な問題がある。それは，推論するためには，そもそも知識（事前確率）が必要であり，この知識はすでに見たように平均値や分散といったパラメータを含んでいる。したがって，これらのパラメータが同時に経験によって学習される必要がある。

　この問題に対しても，理論的な研究から，ヘブの学習規則に従って学習可能であるということが示されている。つまり，学習とともに推論の精度が上がっていくのである。ヘブの学習規則とは，心理学者ヘブが考えたシナプスの学習規則であり，シナプスで結合している2つのニューロンがともに強く活動したときに，シナプスの結合の強さが強められるというものである。

　まとめると，網膜に作られた対象の網膜像からその原因の一つである「対象の大きさ」を推定できるのである。

75

第Ⅱ章のまとめ

　上位から下位の状態を予測する信号 φ を信念という。そして，予測誤差を最小化するには予測信号あるいは信念を書き換えればよい。このとき，注意しなければならないことは，ここでいう予測誤差とは精度で重みづけられた誤差という意味である。したがって，「精度が低い，すなわち，信号のノイズ（分散）が大きい場合には，相対的に予測誤差が小さくなり，予測信号または信念を書き換える必要はないと判断する」ことができる。

　近年，このような理論的枠組みによって感情障害または気分障害を説明できるようになってきた。一般に，予測誤差が小さいということは，下から来る信号を上位の脳部位が「正確に理解」しているということである。もし，この理解が悪いのであれば，それは予測誤差を最小化することができないので，上位の認知レベルで，いわゆる自己効力感が低下し，これが精神的な疲労につながると考えるのである。この点に関しては，次章で詳しく議論する。

　ところで，Ⅰ-4.の「学習を促進するドーパミン」（36頁）およびⅡ-5.の「注意とシナプス」（65頁）のところで述べたようにドーパミンなどの効果によって，シナプスで結合している（信号が向かう）先のニューロン（シナプス後ニューロンと言う）の応答が強められる。これは予測誤差を符号化するという場合においてどのような意味があるのかということを再度考えてみよう。すでに述べたように，一般に誤差というのは，信号の強さの差に精度（分散の逆数）をかけたものである。ということは，注意を向けることによって精度を高めるということを意味しているのである。

　まとめると，予測誤差を計算しているニューロンに注意を向ける

Ⅱ章　感情と推論のしくみ

ことは，信号の精度を一時的に高めることと同等であるということ
なのである。逆に，「精度の悪い信号に対しては，予測誤差がない
と判断し，注意が向かない」のである。また，ドーパミンを投与す
ると，注意機能が高まり，瞬間提示された単語を報告する正答率と
確信度が増加することが示されている（Lou et al., 2011）。

point 18　注意を向けることは，感覚信号や内受容信号の精度を高める
ことである。

Ⅲ章　感情障害のしくみ

Ⅲ-1. 感情障害を理解する基本的考え方

　本章では，うつ病，不安障害，アレキシサイミア（失感情症）およびアレキシサイミア傾向が高いとされる自閉症のしくみを考える。さらに意思決定や感情調整のしくみについても考えることにする。

　うつ病は，動機付けの低下を含む多くの要素からなる障害であり，認知，注意，記憶，気分などの障害，そして生物学的特徴である摂食，睡眠の障害や性的機能不全などを起こす。またパウルスとシュタインは，高い不安傾向をもつ人は，強い内受容感覚の予測信号を自覚していると報告している（Paulus & Stein, 2006）。前述したように，予測信号は身体状態に対する信念のことだが，不安傾向の高い人は実際の身体状態よりもきわめて強い予測信号を生成しているのである。この原因は前島皮質にあると考えられる。グッドキントらは，うつ病，不安障害，双極性障害，統合失調症，強迫障害などにおいて，背側前帯状皮質および島の灰白質体積の減少が見られることを報告している（Goodkind et al., 2015）。この 2 つの部位は，繰り返し述べてきたように，感情中枢の重要な部位である。

　また慢性的なストレスが続くと交感神経が活発に活動し，その結果血液中を流れている白血球の一種である免疫細胞が増える。本来それらは体内の炎症を抑える働きをもっているが，逆に過剰になると消化器や呼吸器などに炎症が生じる。ストレスによって胃炎が生じるのもこのような理由による。また何らかの理由で体内のホメオスタシスのバランスが崩れていく過程で炎症反応が起きるともいわれている。最近になって，うつ病患者の感情中枢で健常者よりも

80

Ⅲ章　感情障害のしくみ

30％程度高い炎症が見られることが明らかにされた（Setiawan et al., 2015）。しかし脳の炎症はうつ病などの諸症状とどのように関係しているのだろうか。

　以下ではこれまでの知見もふまえて，感情障害のしくみをより理論的に考えていくことにする。

感情障害では予測誤差を低下させられない

　いくら自己の身体状態を調節しようとしても，何らかの理由によって予測誤差を低下させられないとしよう。こうした場合，メタ認知的な信念が調整されず，自己効力感が低下し，疲労感を誘発すると考えられている。この種の疲労は肉体的な疲労とは異なるので，安静にしていてもよくはならない。そして低い自己効力感は一般にストレスに対する抵抗力を低下させ，さまざまな精神疾患を招く危険性が増える。

　ところで知覚と運動の違いは，知覚は前章で述べたように入力信号に基づき予測（信念）を書き換えることにより，入力が生じた原因，すなわち外界の属性を推論しているのに対して，運動は目標となる姿勢（内臓の場合は内臓状態）を予測信号として末梢に送ると，予測誤差を最小化するように身体の状態が変化し，目標状態が達成される（Ⅳ-3.参照）。そして運動することによって知覚の予測も変更しなければならない。これが，知覚と運動の違いである。このいずれかの方法によって，自由エネルギーが減少するのであるがこれについては次章で述べることにする。

　内臓状態の理解は，Ⅱ-2.（図Ⅱ-6，図Ⅱ-7）で述べたように，前島と前帯状皮質が重要な役割を果たす。島には多くの種類の情報

81

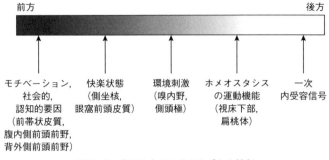

図Ⅲ-1 島に入力されるさまざまな情報
出所：Craig（2009a）を改変

が来て後方から前方へと処理が進められるが、なかでも前島は、視覚、嗅覚、味覚、聴覚、体性感覚など多くの種類の情報を統合する、脳内の重要なハブになっている。前島は前頭葉に位置しており、ホメオスタシス、環境刺激、快・不快、動機付け、社会的要因や認知的要因などを総合し、自己の知覚を形成していると考えられている（図Ⅲ-1）。換言すれば、前島は、われわれが「見て、聞いて、感じる」ものを内受容予測の影響のもとで統合し、身体の多感覚表現を作っているのである。このため、この領域は統合された意識経験の基盤を形成しており、「身体的自己の基盤」であると言われている。

一方、Ⅰ-3.で述べたように前帯状皮質や眼窩前頭皮質は内臓運動皮質である。うつ病の発症に先行して、この前帯状皮質や後部眼窩前頭皮質に構造的異常や慢性的な代謝の過活動が見られることが知られている。この前帯状皮質や後部眼窩前頭皮質は無顆粒内臓運動皮質である。大脳皮質は一般に脳表面から深部方向に6層の構造をもつが、無顆粒皮質はその内の第4層が未発達で、本来第4層に

Ⅲ章　感情障害のしくみ

ある顆粒細胞が存在しない。計算論的には，第４層と第３層の下の部分（３Ｂ層）のニューロンに予測誤差が入力されると考えられている（Shipp et al., 2013）。したがって，内臓運動皮質などの無顆粒皮質は予測誤差に対する感度が低いと思われる。そのため無顆粒皮質から発せられる予測信号は予測誤差による修正を受けにくく，あくまで，期待されるホメオスタシスに対する将来の予測となることが多いのである（図Ⅲ-２および図Ⅱ-６，図Ⅱ-７を参照）。つまり，われわれが経験する内臓感覚は，多くの場合，過去の経験に基づいた脳の予測であると言える。

　内臓運動皮質は，これから必要となる自律神経，代謝，そして免疫の状態を予測して，それが実現されるべく，自律神経を通して運動指令（予測信号）を内臓に伝える。これにより，現在必要とされている内臓状態の変化が生じるのである。ここで大切なのは，無顆粒内臓運動皮質は視覚や聴覚などの，いわゆる知覚的推論を行うのではなく，運動実行の部分だということである。上に述べたようにこの部位は知覚系と比べて予測誤差に対する感度が低く，予測誤差による修正が行われにくい。そのため，われわれは無顆粒皮質から出された予測信号だけを頼りにして，過去の経験に基づいた体の変化を経験することになる（Barrett & Simmons, 2015）。

　さて，うつ病の発症に先行して，無顆粒内臓運動皮質の構造的な異常や慢性的な過活動（活動上昇）の代謝が起こり，強い予測信号（運動指令）が内臓に送られる。つまり，内臓運動皮質が必要以上の代謝エネルギーを予測してしまうのである。そして前述したように，内臓運動皮質は予測誤差への感度が悪く，構造上の理由から運動指令が書き換わることはほとんど期待できない。一方，内臓から

83

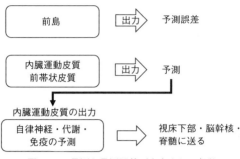

図Ⅲ-2 予測と予測誤差が出力される部位

は内受容信号が内臓感覚皮質，主に島にフィードバックされるのである（図Ⅱ-6，図Ⅱ-7）が，このような過活動により，この内受容信号にはノイズが多く含まれるものと考えられる。誤差修正の低下を招いている一因と考えられるのは，この内受容信号におけるノイズである。Ⅱ-6. で述べたように，信号に含まれるノイズが大きいと，予測信号との差を検出できなくなる（予測誤差≈0）。こうしたうつ病発症の前段階における状態異常の結果，自律神経，代謝，および免疫系は活発に駆動し続けることになる。これが先に述べたような自己効力感の低下にもつながる（Stephan et al., 2016）。

エネルギー代謝の障害としてのうつ病

脳は身体が要求するであろうことを予測し，それが生ずる前に要求を満たすよう準備することによってエネルギー調整を図る。これがアロスタシスである。この予測は身体の内部システムである，自律神経系，代謝，免疫などの変化を引き起こす。

うつ病は自律神経系，代謝，免疫などのシステムの異常によるものであり，アロスタシスの障害である。バレットらは，うつ病が非

Ⅲ章　感情障害のしくみ

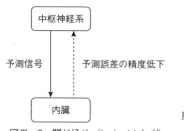

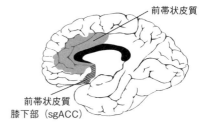

図Ⅲ-3　閉じ込め（locked in）状態の脳

図Ⅲ-4　前帯状皮質膝下部の位置

効率的なエネルギー調節を反映する脳の閉じ込め状態（すなわち予測誤差への相対的感度低下）によるものであると考えている（Barrett et al., 2016）（図Ⅲ-3）。前章で述べたように，信号の精度が低下すると予測誤差が（相対的に）低下する。すると中枢では注意を払わなくなり（Ⅱ-6. も参照），体から来る信号は無視され存在しないのと等価になる。これが閉じ込め状態である。

うつ病においては，感情や社会性機能と密接に関係している前帯状皮質膝下部（sgACC：図Ⅲ-4）の安静時代謝の増加が見られる。前帯状皮質膝下部の過剰な活性化は，非効率的な代謝やエネルギー管理を引き起こし，疲労や気力低下に結びつくようである。以下では，うつ病が起こるメカニズムについてより詳しく考えよう。

Ⅲ-2．うつ病の本質

うつ病とサイトカイン

炎症は，化学的，物理的作用や細菌感染によって生じる細胞の反応である。スギ花粉によって起こる炎症や，インフルエンザウイルスによって起こる炎症，アクネ菌によるにきび，さらにはストレス

による胃炎などはよく知られた例である。細胞間の情報伝達を司るタンパク質をサイトカインといい，多くの種類がある。炎症を引き起こす炎症性サイトカインもこの一種であり，これまでも神経変性の原因が炎症性サイトカインではないかと言われてきた。また脳を構成する神経細胞以外の細胞をグリア細胞とよぶが，グリア細胞の1種である炎症を担うミクログリアが活性化することによって過剰な神経炎症が生じることが明らかにされている（Nakano et al., 2017）。感染症に罹患したり炎症が起きたときには，食欲不振，眠気，痛覚過敏，疲労感，抑うつ気分などが生じる。これらは疾病行動（sickness behavior）とよばれている（たとえば，Kent et al., 1992）。うつ病患者では炎症性サイトカインが上昇することが知られている。炎症性サイトカインは炎症反応を促進する働きのある物質で，身体の末梢部位や中枢神経などの炎症に伴って免疫細胞から分泌される物質である。

　一方，肝炎などの治療に使用されるインターフェロン α や β は，炎症を抑える抗炎症作用をもっている。動物では，炎症性サイトカインを投与すると，うつ病様の行動を引き起こす。また，人間ではインターフェロン α（INF-α）の長期投与によって炎症性サイトカインが上昇し，大うつ病的様相を呈する。興味深いことに INF-α の治療を始めて最初の2週間では，疲労や精神運動の緩徐化，摂食障害，睡眠障害などが見られ，その後，1カ月から3カ月の治療で，うつ的な気分，快感消失，不安，イライラ感，注意障害，記憶障害などの主観的な報告がされている。また，4～6週間の INF-α の投与によって特に側坐核へのドーパミンの放出量が低下するが，この活動の低下と快感消失，抑うつ，疲労との間には有意な相関があ

ることが報告されている（Capuron et al., 2012）。

👉 point 19　INF-αにより側坐核のドーパミン低下と活動低下がみられる。
これは，快感消失，抑うつ，疲労と相関する。

　ハリソンらは，参加者に腸チフスの予防接種を受けさせた後，3
時間後に強化学習の課題を行った（Harrison et al., 2016）。その結果，
炎症反応によって行動に急激なバイアスがかかった。具体的には，
報酬に対する感度と比較して，罰に対する感度が強められた。また，
側坐核（報酬）と前島（罰）の活動に変化が生じた。報酬の予測誤
差に対する側坐核の反応は低下し，逆に罰の予測誤差に対する前島
の反応は強められたのである。抑うつ状態では，プラスの出来事に
対する喜びの低下，および痛覚過敏を含むマイナスの出来事に対す
る感度上昇と回避傾向が生じる。ハリソンらの結果はこのしくみを
説明するものと考えられる。

　疲労と炎症マーカーとの関係が，癌，ウイルス感染，神経疾患や
気分障害などさまざまな病状で報告され，疲労が何らかの炎症に
よって生じることが明らかにされてきた。末梢および中枢神経系で
免疫細胞によって放出される炎症に関わる伝達物質は，代謝と神経
伝達物質の活動を変え，さらに神経栄養因子を減少させ，著しく
ニューロン環境を妨げる。被験者への腸チフス予防接種で生じる炎
症に伴い，疲労，精神運動の緩徐化，軽度の認知的混乱，記憶障害，
不安とうつ的症状の気分の悪化などを誘発することが明らかにされ
ている。また，炎症性サイトカインによって，早いうちに動機付け
の目標変更が見られる。疲労と精神運動の緩徐化は，島の活動変化
と対応するようである（Harrison et al., 2009a）。疲労に伴って島お
よび前帯状皮質の活動が上昇するという報告もなされている（Har-

rison et al., 2009b）。

うつ病における炎症反応の測定

　前節で紹介した研究を背景に，最近うつ病における中枢神経系の炎症反応が調べられるようになった。まず，間接的ではあるが前節で述べたように中枢神経系でシナプスや軸索に接触してそれらの機能調節を行っているミクログリアとよばれる細胞が神経炎症の間，活性化されるという事実を利用したものである。スティアワンらは，PET（陽電子放出断層撮影法）を用いてこの炎症反応を間接的に測定した（Setiawan et al., 2015）。その結果，前頭前野，前帯状皮質，島のいずれにおいても健常者に比べてうつ病患者ではおよそ30％高い炎症反応が見られた。さらに，前帯状皮質の炎症反応の大きさは，大うつ病性障害の重症度と正の相関が見られた。またホームズらも同様の研究を行っているが，大うつ病性障害の場合，とくに前帯状皮質の炎症反応の上昇が見られただけでなく，自殺念慮をもった（自殺しようと思った）患者において，島と前帯状皮質の炎症反応が有意に増加していた（Holmes et al., 2017）。強いストレスは，ホメオスタシスのバランスを狂わせ，異常な免疫反応を引き起こし，それによってサイトカインを通して中枢神経系に影響を及ぼすと考えられている。

　また，炎症はドーパミンやノルエピネフリン，セロトニンなどの伝達物質にも大きな影響を与える。すでに述べたように，前頭葉と線条体の間の学習に作用するドーパミンは，意思決定に大きな影響を与える。炎症に関わる伝達物質によって，この大脳基底核ループにおけるドーパミンの働きが低下し，大うつ病性障害における快感

Ⅲ章 感情障害のしくみ

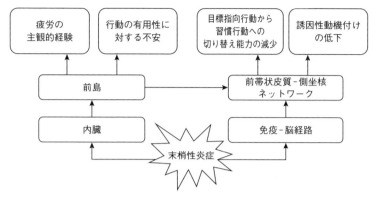

図Ⅲ-5 炎症によって疾病行動が生じるしくみ
出所：Dantzer et al.（2014）を改変

消失（anhedonia）が引き起こされる。また，炎症はノルエピネフリンの障害にも関係し，持続的な注意の低下につながる。炎症関連の疲労は，島の中央部および後部の活動と相関しており，疲労の気づきは島で生じると考えられている。ダンツァーらによれば，疲労の感覚は炎症性内受容刺激によって島において引き起こされ，大脳基底核からの出力を経て，前帯状皮質においてモチベーションの低下を引き起こすようである（図Ⅲ-5参照）（Dantzer et al., 2014）。すでに第Ⅰ章（図Ⅰ-22）で述べたように，大脳基底核は大脳皮質から入力を受け，再び大脳皮質に情報を送り返している。そして，7種類の大脳基底核ループがあり，そのうちの1つが前帯状皮質を含むループである。

point 20 島において疲労を感じ，前帯状皮質でモチベーションの低下が起こる。

ハリソンらは，参加者に腸チフスの予防接種を行い，その後，表情認知課題を行わせた。その結果，予防接種後3時間で炎症反応と

気分の低下が見られた（Harrison et al., 2009a）。この気分低下の度合いは，顔の情動処理に伴う前帯状皮質膝下部の活動上昇と相関していた。さらに，前帯状皮質膝下部から扁桃体，内側前頭前野，側坐核，上側頭溝への機能的結合は気分低下に伴って低下した。まとめると，炎症性サイトカインは，気分依存的に前帯状皮質からの機能的結合を低下させる働きをもっているらしい。これは，うつ病の基礎にこのような生理学的変化があることを示唆している。

👆 point 21 うつ病の本質は「炎症」である。

うつ病の発症と経過

ここで内受容感覚に関するバレットとシモンズの考えを紹介しよう（Barrett & Simmons, 2015）。自由エネルギー原理または予測符号化理論に従うと，予測誤差の計算において信号の精度が低いときには誤差修正は行われず，予測が維持されることを述べた。すでに説明したように少なくとも短期的に上行する感覚入力における雑音が多いか，あるいは正確ではない場合，予測は更新されずそのまま維持される。この場合，予測されたままの感覚入力を生成するように身体の自律神経，代謝や免疫系を活発に駆動し続けることになる。こうした自律神経，内分泌や免疫の変化は，なおも雑音の多い上行性内受容感覚入力につながり，ポジティブフィードバック回路を起こす（図Ⅲ-6）。

しかし，自律神経，内分泌や免疫系の活動は，その活動が機能し得る範囲にも限りがあるので，これらの予測誤差の信号はいつまでも無視される可能性は低い。上に述べたような活発な状態が続くと，エネルギーの消費を減らすため，ある時点でネガティブな感情や疲

III章　感情障害のしくみ

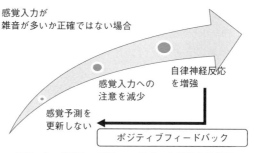

図III-6　ポジティブフィードバックが起こる原因
出所：Seth & Friston (2016) より作成

労などに関連する疾病行動が起こり身体を制御し始めると考えられている。

　一方，自分の内臓感覚の状態を感じやすい人と感じにくい人がいるが（感度の個人差），このような感度の個人差がさまざまな実験によって調べられている（次節参照）。個々人の内受容感覚に対する感度の違いは，右前島の灰白質の大きさと高い相関がある。内受容感覚に注意を向けている間の背側島中央部の活動は，うつ病の重症度が高いほど低い（Avery et al., 2014）。また，背側島中央部とうつ病に重要であると言われている前帯状皮質膝下部と前島との間の結合の強さが，重症度が高いほど強い。また，さまざまな研究から，うつ病の回復とともに前帯状皮質膝下部の活動の低下が見られる。

point 22 うつ病は前帯状皮質膝下部（sgACC）の活動がマーカーとなる。

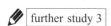

ストレスがかかると，ストレスホルモンであるコルチゾール

が分泌されるが，負のフィードバック機構によって，しばらくするとコルチゾールの分泌が抑制される。しかし，うつ病の場合この負のフィードバック系がうまく働かず，コルチゾールの分泌が抑制されない。これによって，より多くの代謝エネルギーを予測し，ホメオスタシスが維持できず，炎症誘発状態に陥ると考えられる。インターフェロンαの長期投与で大うつ病的様相を呈することはすでに述べた。さらに以下のようなさまざまな疾患とうつ病が共起することの原因として炎症性サイトカインの働きが注目されているのである。たとえば，アルツハイマー病やパーキンソン病などの神経変性疾患，過敏性腸障害（IBS）などの胃腸障害，多発性硬化症などの自己免疫不全，HIV などの感染性障害である。
2010年に Science が発表した10大研究成果の中に「炎症」と「マイクロバイオーム（体内の微生物の集合体という意味）」が選ばれていることからもわかるように現在，内臓と脳の働きの関係の研究が注目され，急速に進歩しつつある。

Ⅲ-3．その他の感情障害

不安障害と予測誤差

　不安傾向の高い人は，自らの内受容感覚を危険や恐怖の兆候とみなす傾向が強く，また島の過活動を示すことが知られている。パウルスとシュタインは，前島が，何らかの刺激に対して将来起こりうる嫌な身体の状態に関する情報，すなわち将来の嫌な状態に対する予測信号を生成すると考えている（Paulus & Stein, 2006）。不安障害だけでなく高い不安感情をもつ人は，内受容感覚の予測信号をより高く知覚する傾向にあり，これは主として前島の働きによると考え

Ⅲ章　感情障害のしくみ

られている。こうした人たちは，内受容感覚の予測信号が高すぎる
ために，実際に観察される身体情報との誤差が大きい。この大きな
予測誤差を減少させるために，特徴的な認知（心配）と行動（回避）
がとられる，というのがパウルスとシュタインの考えである。まと
めると，不安障害や不安傾向の高い人（不安になりやすい人）では，
前島で過活動が見られ，これは内受容感覚の予測誤差が大きいこと
を反映しており，これが持続的な不安や心配として経験されている
と考えられる。不安障害が回復していくと，それに伴って前島の活
動低下が見られることも報告されている。

　PTSD（心的外傷後ストレス障害）や社交不安，特定の恐怖症のい
ずれの障害においても扁桃体と島の過活動が見られた（Etkin &
Wager, 2007）。また，健常者でも状態不安（実験実施日における不安
の程度）が高い人ほど，前島と扁桃体の間の機能的結合が強いこと
が報告されている（Baur et al., 2013）。またトレッドウェイらによ
れば，左の線条体と腹内側前頭前野におけるドーパミン反応が高い
人ほど高い報酬に対して多くの努力を払いたいという意欲をもつの
に対し，両側の島のドーパミン反応は努力を費やしたいという意欲
とは負の相関を示した（Treadway et al., 2012）。つまり，両側の島
のドーパミン反応が高い人ほど意欲が低いということである。多く
の実験結果を見てみると，どうやら島，特に前島の働きは，（たと
えば不安のような）ネガティブな感情と密接に関係しているようで
ある。

👆 | point 23 | ドーパミン反応は，線条体と腹内側前頭前野ではモチベー
ションを上げ，島ではモチベーションを下げる。

　自己の身体をどの程度正確に知覚しているかという検査では，参

93

加者の心拍数を音で聞かせる聴覚フィードバックという方法がよく用いられる（Ⅱ-4., 59頁参照）。この方法では，わざと実際の心拍より遅れさせた心音（聴覚フィードバック）を聞かせたときの反応や，どのくらい遅延すれば，遅延したことに気がつくのかといったことなどを測定する。このような実験から，同期した心拍フィードバックに比べて非同期フィードバックのときに右前島の活動が強まることがわかった（Gray et al., 2007）。これは，これまで述べてきたように，前島が実際の内受容感覚と予測信号との比較器であるという考えを強く示唆するものである（図Ⅱ-6，図Ⅱ-7参照）。また，自分の内受容感覚の状態を感じやすい人と感じにくい人がいるが（感度の個人差），このような感度の個人差がさまざまな実験によって調べられている。個々人の内受容感度の違いは，右前島の灰白質の大きさと高い相関がある。さらに，この感度および体積が，日常的な不安傾向の強さとも相関することが明らかにされている（Critchley et al., 2004）。主観的な不安も，これまで述べてきたような前島のメカニズムが基礎になっていると考えられている。前島の活動は，意思決定の場面においても注目される（詳細はⅢ-5.「不確実な日常を生きる」（105頁）を参照）。

☞ point 24　前島は内受容信号と予測信号の比較器である。

アレキシサイミア（失感情症）と内受容感覚

　アレキシサイミアは自分の感情を自覚したり，表現したりすることが困難な疾患である。本書では，情動と感情を区別し，感情は内受容信号の予測を基礎に作り上げられるものであるということを論じてきた。したがって，われわれの観点では，アレキシサイミアは

Ⅲ章　感情障害のしくみ

表Ⅲ-1　内受容感覚に関するさまざまな指標

内受容感度	たとえば心拍数を，実際の心拍よりわずかにずらせて聴覚フィードバックを与えたときにどの程度の時間遅れで気がつくかといった識別閾値
内受容感覚の精度	主に指定された時間内の心拍数のカウントを行わせる課題によりその精度が測定される
内受容感覚の自己評価	質問紙によって自分の内臓感覚や身体の状態がどの程度正確にわかっているかという自己評価

内受容感覚に関して何らかの障害をもつことが予想できる。実際アレキシサイミアの人は，心拍を用いた内受容感覚の精度が低下していることが実証されている（Shah et al., 2016）。心拍を用いた内受容感覚の精度は，通常，指定された時間内の自分の心拍数をカウントする課題によって測定される。内受容感覚については，内受容感覚の正確さ以外にも感度や自己評価などが調べられている（表Ⅲ-1）。また，アレキシサイミアでは生理的な覚醒度の知覚の低下（Gaigg et al., 2018）や，感情以外の内受容情報（たとえば，体温，空腹感，満腹感など）を知覚することの障害（Brewer et al., 2016）などが報告されている。

　興味深いことにアレキシサイミアの症状が重いほど，模倣抑制課題の成績は高いことが知られている。模倣抑制とは，たとえば，他者が人差し指をあげるのを見たときに，それを模倣するのを抑制し，代わりに中指をあげるというような課題である。通常，模倣抑制課題は，模倣課題（他者が人差し指をあげれば，自分も人差し指をあげる）に比べてより難しい。他者とは別の動作をすることは，模倣を抑制する必要があるということなのである。また，模倣抑制機能は，自己と他者を区別して他者の立場に立つ（視点取得）機能と強く関

表Ⅲ-2　内受容感覚の精度からみた疾患の分類

精度が高い	パニック障害，不安障害
精度が低い	アレキシサイミア，摂食障害，うつ病，解離性障害

係していることが知られている。内受容感覚の精度が低いということは，内受容予測信号の精度が低い，または内受容信号そのものの精度が低いかのいずれかである。アレキシサイミアでは前島の活動低下が報告されている。さらに，アレキシサイミアの症状が重いほど共感性が低いことが示されている（Silani et al., 2008）。また，内受容感覚の精度は，表Ⅲ-2に示したように疾患によって高いグループと低いグループに分類される。

　アレキシサイミアで見られる感情を自覚する機能の障害は，先に述べたフォン・エコノモ・ニューロンの変性で見られるほか，自閉症でもしばしば見られる（Gu et al., 2013）。アレキシサイミアが模倣抑制や視点取得などの機能とも関係するということからも，自閉症でアレキシサイミアが共起するというのはさほど不思議なことではないだろう。そこで以下では，自閉症における感情の気づきや理解に関する障害について述べ，あわせてそもそも自閉症はどのような原因で起こるのかについてやや詳しく述べよう。

Ⅲ-4．自閉症・オキシトシンと社会性

　自閉症スペクトラム障害（Autism Spectrum Disorders：ASD）とは，項目Ａ：社会的コミュニケーションと社会的相互作用における持続的な欠損と，項目Ｂ：行動，興味，活動の限局的かつ反復的なパターン，の二つの特徴によって定義される神経発達障害とされてい

る（American Psychiatric Association, 2013）。

Aはさらに，

A-1．社会感情的な相互性の困難（社会的接近，会話，共感，共同
　　　注意），

A-2．非言語的コミュニケーションの使用および理解の困難（言
　　　語-非言語統合，アイコンタクト，表情，ジェスチャー），

A-3．人間関係の構築及び維持の困難（社会的文脈に合わせた行動
　　　調整，友人関係，ごっこ遊び），

という3つのドメインに分類される。またBは，

B-1．反復的運動（常同行動，エコラリア，物の反復的取り扱い，風
　　　変わりなフレーズ），

B-2．習慣への固執（儀礼的行動パターン，食べ物への固執，繰り返
　　　される質問，変化に対する過敏），

B-3．限局的で強い興味関心，

B-4．感覚過敏または鈍麻（温痛覚，聴覚，触覚，嗅覚，視覚），

という4つのドメインに分類されている。

内受容感覚・予測誤差と自閉症

　最近，心拍追跡課題を使用して内受容感覚の精度が定量化され，
自閉症の人と対照群との比較が行われている。これによると，自閉
症の人は内受容感覚の精度を客観的に測定すると低いが，主観的な
内受容感覚に関して質問紙で回答を求めると比較的高い値を示す
（Garfinkel et al., 2016）。主観的な評価は彼らの内受容感覚に対する
信念であり，内受容感覚の自己評価である。その結果，自閉症では
主観値と客観値の差（彼らはこれを内受容性特性予測誤差 ITPE とよ

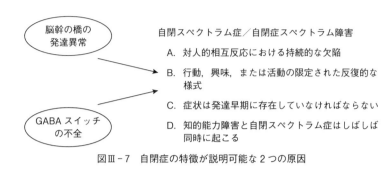

図Ⅲ-7　自閉症の特徴が説明可能な2つの原因

んだ）が大きく，EQ（共感指数）と負の相関を示した。すなわち，ITPE が低いほど共感指数は高いのである。興味深いことに，自閉症の人と対照群全体で，ITPE の大きさは自己申告の不安と相関した。これは本章で紹介したパウラスとシュタイン（Paulus & Stein, 2006）が，不安と内受容性予測誤差を（ベイズ的なフレームワークでないにせよ）関連づけた考えとよく一致している。高い内受容精度をもつ人は，内受容信号の事前確率についてベイズ的な意味で最適な更新を絶えず行っていると考えられる。逆に内受容精度が低い人は，心拍追跡課題において注意を払っても内受容の精度を高めることができないのであろう（注意機能と精度についてはⅡ-5. 参照）。

なぜ自閉症になるのか

われわれは，以下の二つの異常が同時に起きることによって自閉症になると考えている（Inui, Kumagaya, & Myowa, 2017）（図Ⅲ-7）。

① 胎齢3〜4週頃に起こる神経管閉鎖時における橋の形成異常
② 周産期における GABA スイッチの不全

Ⅲ章　感情障害のしくみ

図Ⅲ-8　GABA スイッチ

　受精卵が卵割を始めた後，胎齢（受精後週）3〜4週頃に神経管が生まれる。これが神経系の発生の始まりである。神経管が閉鎖し始める部位は，将来脳幹（図Ⅰ-13を参照）に発達するところであり，さまざまな知見から特に脳幹の中でも橋とよばれる部位の形成に異常が生じるというのが原因と考える。

　また，主に母体のオキシトシンによって生ずる GABA スイッチとよばれる現象があり，②はそのスイッチがうまく働かなかったことがもう1つの原因であると考えている。成人では GABA は抑制性の伝達物質として知られているが，実は胎児では興奮性であり，これが周産期にオキシトシンの働きによって抑制性に変化する。この変化のことを GABA スイッチという。本来，オキシトシンは乳腺筋や子宮筋の収縮に関与し，出産を促進させる働きをもっている。このオキシトシンが実は後に神経情報処理の重要な機能となる抑制能力を作り出すことになるのである（図Ⅲ-8）。

　自閉症の子どもにはしばしば睡眠リズムの異常が認められるが，レム睡眠のリズムの制御に重要な役割を果たしている領域は橋であり，睡眠リズムを制御するレムオン細胞やレムオフ細胞とよばれるニューロンが存在している。また大脳と小脳を結ぶ経路の中核をなす重要な部位も橋にある。橋ではノルエピネクリン（ノルアドレナ

リン）の分泌も行われるが，これは行動選択の幅の変更や，注意の切り替えなどに関与していると言われる神経伝達物質である。さらに橋には聴覚の重要な中継核が存在する。したがって橋の形成不全によって睡眠リズムや運動制御，行動選択の幅，注意の切り替え，聴覚反応などに影響を及ぼすことが考えられる。

　中枢神経系の発達において，重要なことは各脳部位に適切な入力が与えられることである。神経管閉鎖時に起こる橋の構造異常は，その後，橋と双方向に強く連結している脳部位の構造や機能の発達に直接影響を与えると推測できる。たとえば橋結合腕傍核は，扁桃体と双方向結合していることが知られている。そのため，橋の障害によって扁桃体に適切な信号や物質が伝達されなくなり，それにより扁桃体の微細構造異常が引き起こされると考えられる。またGABAスイッチの異常によっても扁桃体の抑制機能が低下し，自閉症に見られる扁桃体の過活動が生ずることが予想される。

　さらに，橋の初期発達異常の影響を直接受けやすいと考えられる扁桃体は，眼窩前頭皮質外側部および内側部，島，前帯状皮質，上側頭溝，下前頭回などと強い相互作用をもつ（Amaral et al., 1992；Amaral & Price, 1984；Grezes et al., 2009）。これらの領野はいわゆる「社会脳」とよばれるネットワークを構成する部位である（これらの多くは感情中枢でもある）。扁桃体に形成異常があると，これらの領域への適切な信号伝達が二次的に損なわれ，結果としてこれらの領域においても細胞構築学的な異常が生じるのではないかと推測される（Inui, 2013，図Ⅲ-9参照）。

　GABAにはもう一つ重要な働きがある。脳は生後の環境に適応できるように，生まれたときは過剰な配線になっている。それが生

Ⅲ章　感情障害のしくみ

後一定期間の間に不要な配線は刈り込まれて，必要な配線だけにな
るのである。この期間を感受性期または臨界期とよぶ。この臨界期
を開始させるのが GABA である。GABA を放出するニューロンの
一種（正確にはパルブアルブミン陽性細胞とよばれる）を除去すると
臨界期をいつまでも遅らせることが可能である（Fagiolini &
Hensch, 2000)。さらにウーらが示したように GABA そのものが皮
質の抑制ニューロンのシナプスの除去と軸索の刈り込みを促進する
働きがある（Wu et al., 2012)。したがって抑制性ニューロンについ
ては GABA が不足するとシナプスの除去や軸索の刈り込みが遅れ，
その分シナプスの数が過剰になると言える。実際，自閉症児の脳で
は，シナプスの過剰結合が見られる。さらに，可塑的変化にはアセ
チルコリンとノルアドレナリンが同時に作用することが必要である
（Bear & Singer, 1986)。このうちノルアドレナリンは，すでに述べ
たように脳幹の一部である橋で生成されていることもわれわれの仮
説と密接に関係する。以上が初期発達過程におけるシナプス結合の
変化に関する問題点である。

　われわれは，自閉症に関する多くの研究に基づき，自閉症脳の特
徴的なネットワークを示した（Inui, 2013；図Ⅲ-9）。図中の灰色の
ボックスは細胞構築学的な異常が見られる部位を，左上に灰色の三
角があるボックスは構造的に異常が見いだされていないが活動の低
下が見られる部位を示している。また，配線図で破線になっている
ところは異なる脳部位をつなぐ長連合線維が減少していることを示
している。この線の弱さが長連合線維によるシナプス結合の数と考
えるとシナプス結合の数が定型発達よりも減っているということで
ある。これは，もう一つの要因によると考えられる。それは，「適切

101

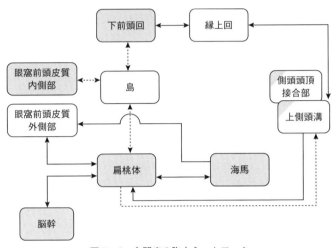

図Ⅲ-9 自閉症の胞内ネットワーク

出所：Inui（2013）

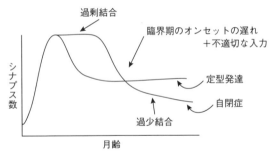

図Ⅲ-10 月齢と予想されるシナプス数の関係

な入力を他の部位から受けない場合にはその結合が減少するかなくなってしまう」ということである。たとえば扁桃体からは適切な信号がさまざまな領野に送られないために過少結合になったと考えるのが妥当である。これは一般的な学習の原理に従うものであり，BCM 理論として定式化されている（Cooper & Bear, 2012）。定型発達

Ⅲ章　感情障害のしくみ

の場合，最初，過剰にシナプスが作られても，臨界期に不要なシナプスは刈り込まれる（図Ⅲ-10）。自閉症の場合は刈り込みが遅れるので発達初期は過剰結合が見られる。遅れて刈り込まれ，続いて学習によって先に述べたように過小結合になるだろう（Inui et al., 2017）。

　まとめると，GABA スイッチの不全による刈り込みの遅れと一般的なシナプス可塑性の原理によって図のような発達的変化が生じると考えられ，これによって自閉症の多くのデータを説明することができる。

👉 **point 25** GABA はオキシトシンによって胎児期の興奮性から生後抑制性に変わる。

オキシトシンと社会性

　見知らぬ人や新しい環境に対して恐怖心をもつことを新規性恐怖とよぶが，オキシトシンはこのような新規性恐怖を低下させることによって社会性を改善することができると考えられている（Viviani et al., 2010）。生理学的にはオキシトシンによって，扁桃体から脳幹へ投射する神経に対してより多くの GABA が放出され，これが運動や行為の抑制につながる（図Ⅲ-13 参照）。興味深いことに，動物に恐怖反応を学習させた後にオキシトシンを投与すると，恐怖刺激に対して身体がすくんで動かなくなるフリージングとよばれる反応がなくなる一方で，心臓血管反応には変化がないことが明らかにされてきた（Viviani et al., 2011）。この結果は，恐怖に対して行動抑制を軽減することはできても身体内部の反応を抑えることはできなかったことを示している。

　人間ではオキシトシンを経鼻投与すると社会的行動が促進されるといわれている。すでに述べたように，報酬系は大脳皮質から線条

体，淡蒼球，視床を経て，大脳皮質へとループを形成している。これについては第Ⅰ章で紹介した（図Ⅰ-21）。オキシトシンは，この淡蒼球の活動を低下させ，社会的手がかりに対する神経の反応を低下させる効果をもつようである。反応低下のメカニズムは不明であるが，オキシトシンとドーパミンは，側坐核や扁桃体で相互作用することが知られている。オキシトシンの効果は，社会的な回避行動を低下させることによって社会的行動を促進させるという形で現れるのかもしれない。つまり，見ず知らずの人に対する全般的な不安を低下させることによって，社会的な接近行動が促進されるのかもしれないと考えられる。

　オキシトシンには別の効果も見られる。自己受容感覚における予測誤差はドーパミンによって，内受容感覚における予測誤差はオキシトシンによって強く抑制されると考えられている（Quattrocki & Friston, 2014）。内受容感覚の予測誤差を抑制することは，内受容感覚信号の精度を低下させ，注意を払わなくなることにつながる。おそらく，内受容感覚の予測誤差を抑制することにより，自己から離れて注意を外部へと向けることになるのだろう。別の見方をすると，内受容感覚から注意を逸らすことによって，接近行動が促進されるとも言える（Quattrocki & Friston, 2014）。オキシトシン依存的に内受容感覚の予測誤差が抑制されることで，社会的行為などの接近行動が促進されるメカニズムは以上のようなものであると考えられる。逆に，内受容感覚の減衰に障害が生じた場合には，社会的行動が低下し，孤立した状態になる傾向が強くなるだろう。事実，サルを親から離して育てるとオキシトシンのレベルが低下し，孤立を好むようになり常同行動の増加が見られる（Winslow et al., 2003）。

104

III章 感情障害のしくみ

 point 26　オキシトシンによる抑制によって，接近行動が促進される。

III-5．不確実な日常を生きる

　この先，悪いことが起こるかもしれないという不確かさがストレスを引き起こす。これは不安障害の一つの特徴である。

不確かさ・共変動バイアス・不耐性

　サリノポラスらは，画像が提示される前の不確かさの度合いを変化させることで，画像に対する脳活動がどのように変調されるかを調べた（Sarinopoulos et al., 2009）。感情の研究においては，しばしば国際的に標準化された IAPS とよばれる画像データベースから選ばれた刺激が使われるが，この実験でもこのデータベースから選ばれた画像が使用された。実験では手がかり刺激が提示された後に，感情を特に誘発しない中立の画像または嫌悪感を誘発する画像のいずれかが提示された。この時，手がかり刺激によって確実に次の写真の種類を予測できる条件と，次にどのような種類の刺激が出るかがわからない不確実な条件を比較した。その結果，不確実な条件では，嫌悪刺激に対する島と扁桃体で大きな反応が見られた。また，手がかり刺激によって引き起こされた前帯状皮質の反応が大きい人ほど，手がかりに続いて提示される嫌悪画像に対する島中部と扁桃体の活動は小さかった。一般にわれわれは不確実な状況下では，何らかの手がかりと嫌な出来事との共起確率を評価し，将来に備える。しかし，特に悪い出来事について，この共起確率あるいは相関を実

際より高く見積もるという錯覚が生じることがある。これを共変動バイアスという。実際この実験でも，75％の参加者が不確かな手がかりに続いて嫌悪画像が提示された回数を実際に提示された回数より多く評価した。この共変動バイアスの大きさと前帯状皮質および島の活動のあいだには相関が見られた。

　一方，シモンズらは不確実さの不耐性についての研究を行っている（Simmons et al., 2008）。不確実さの不耐性とは，不確実な事柄に対して「受け入れられない」とか「我慢できない」といった気持ちがどのくらい強いかを指す用語である。実験参加者は，32個の顔写真を同時に３秒間提示され，怒り顔のほうが多いか幸福顔のほうが多いか（感情試行），または女性のほうが多いか男性のほうが多いか（性別試行）を答えるよう求められた。それぞれの試行において比率を変えることで不確実さを操作しつつ，課題中の脳活動を計測した結果，感情に関する曖昧さに対しては島の一部の領域が高い相関を示すことがわかった。またすべての参加者に対して不確実さの不耐性に関する質問紙調査を行い，不確実さの不耐性の高さと両側の島の活動の強さが相関することを明らかにした。不安障害において島の過活動が観測されることはすでに述べてきたが，これは不安障害で不確実さの処理に異常があることを示すものと考えられる。

　point 27　不確実さ・共変動バイアス・不耐性は，島と前帯状皮質の活動と関係している。

意思決定と予測

　株式投資で儲けるためには，日々株価を見ながら買うか売るかの意思決定をしなければならず，最大の利益を得るための最適な意思決定が求められる。言い換えると，常に長期の報酬予測と日々の報

Ⅲ章　感情障害のしくみ

酬予測誤差によって最適な戦略を学習していく過程が株式投資には必要である。実は，こういった意思決定には平均的な報酬量だけではなく，意思決定に伴うリスクが大きく影響することが知られている。ここではギャンブルを例としてリスクとは何かの説明をしていこう。ギャンブルは通常，1回の勝負ごとに得をするときも損をするときもある。またギャンブルを続けていくと，最終的に大損をするときもあれば少し儲かることもある。このときの意思決定では収益の平均値も重要なのだが，損得のブレがどのくらいあるかも重要である。このブレは時系列で見たとき，各時点までの得られた（あるいは損をした）金額のバラツキであり，これを統計では分散という。そして（マイナスも含めて）獲得金額の分散をリスクとよぶ。

　プロイショフらによると，前島の活動は，場所により，リスク予測やリスク予測誤差の強さと相関する（Preuschoff et al., 2008）。つまり意思決定場面において，リスクが高いほど前島の活動が高くなるのである。またハリソンらは，報酬に対する予測誤差が側坐核で，罰に対する予測誤差が前島で表現されており，腸チフスの予防接種などにより生じる炎症によって，罰に対する前島の反応が強められることを示した（Harrison et al., 2016）。これは，特にうつ病などにおいて，マイナスの効果を与える対象に対して感度が高くなることに対応している。また別の研究から，悲しい気分のときには側坐核の報酬に対する感度が低下することも明らかにされている。以上をまとめると，前島はリスクの予測誤差を表現しており，これが嫌悪や不安といった感情を引き起こしているものと考えられる。なお，眼窩前頭皮質で，リスク予測誤差の表現とリスク評価の更新が行わ

107

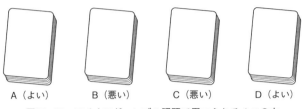

図Ⅲ-11　アイオワギャンブル課題で用いられる4つの山

れているという研究もある。これら2つの領野は、感情処理の部位でもある。

　意思決定特性を調べるのに最もよく使われているのが、アイオワギャンブル課題である。アイオワギャンブル課題では、図Ⅲ-11のように4つのカードの山が参加者に提示される。参加者は試行ごとに4つの山のうちどれかを選択し、1番上のカードをめくる。するとカードの裏には"＋100円"とか"－50円"のように金額が書かれている。プラスのカードを引いたときにはお金が貰え、マイナスのカードを引いたときにはお金を払わなければならない。この4つの山は、たとえば100回引いたときに長期的にみて得する山、すなわちお金が貰える山と、損する山、すなわちお金を払わなければならなくなる山とがある。参加者は実験開始直後にはどの山がよい山でどの山が悪い山かわからない。そして、カードを引くことにより、どの山が得でどの山が損であるかを学習しなければならない。つまり、課題のゴールはよい山からカードを多く引き、獲得できる金額を最大にすることである。どの山がよくてどの山が悪いのかを探るために、いろいろな山からカードを引く段階を「探索フェーズ」とよぶ。ある程度どの山がよいかというあたりがついてくると、参加者はその仮説を検証すべくその山のカードを中心に引くことになる。

Ⅲ章　感情障害のしくみ

このフェーズは「利用フェーズ」とよばれている。このように，最初に正解を与えられてそれを学習するのではなく，行動系列を通じてゴールを達成するための戦略を学習していくことを強化学習とよぶ。これはⅠ-4.で述べたように大脳基底核ループを使って学習されることが明らかにされている。

ソマティックマーカー仮説，意思決定とリスク予測

　第Ⅰ章で紹介したソマティックマーカー仮説（Damasio, 1994）は，内側眼窩前頭皮質を含む腹内側前頭前野（以下 vmPFC）を中心とした情動ネットワークにおいて情動的な身体的反応が処理され，直感的な意思決定に影響を与えるというものであった。この仮説はvmPFC 損傷患者が，一般的な認知・運動機能に異常はないにもかかわらず，社会的場面における行動や意思決定に障害があるという事実に基づいている。このような障害が起きるのは，vmPFC が過去のさまざまな経験に照らして，現在の状況から適切な情動反応を引き起こす部位だからだろう。ダマシオは，vmPFC 損傷患者に対して次のような実験を行い，この機能を確認している（Damasio, 1996）。実験では身体反応の計測に末梢の自律神経反応の一つである皮膚コンダクタンス反応（以下 SCR）が用いられた。これはうそ発見器などで用いられるものであり，緊張したときなどに指先の発汗が起こるとそれにより皮膚の電気抵抗が下がり，電気が通りやすくなることを利用した方法である。最初の実験では，大きい雑音のような驚愕刺激を提示したところ，健常対象者でも vmPFC 損傷患者でも SCR の反応が見られた。次の実験では，特に強い感情を誘発しない画像（中立画像）と大災害や事故などのような強い感情

109

を誘発する画像が提示された。健常対象者は中立画像に対しては
まったく反応を示さなかったが，感情誘発画像に対しては標準的な
SCR を示した。一方，vmPFC 損傷患者では感情誘発刺激に対し
ても SCR の反応が見られなかった。これは vmPFC が刺激に対し
て過去の経験や知識をもとに適切な情動反応を引き起こす機能を
もっていることを示すものである。

　実は，内側眼窩前頭皮質を含む vmPFC の正確な機能はいまだ
はっきりしていない。リットらは次のような実験を通して，vmPFC
が刺激の顕著性に反応するのか，価値に反応するのかを検討した
（Litt et al., 2011）。vmPFC は前帯状皮質膝下部，腹内側前頭前野前
部と内側眼窩前頭皮質を含む（Kim et al., 2011）。内側眼窩前頭皮質
は，前帯状皮質膝下部（図Ⅲ-4）と前頭極（図Ⅰ-15）の間の部分で
あり（Milad et al., 2005），腹内側前頭前野前部は，主に前頭極である。
たとえば刺激に対してより強い欲求が生ずるとそれは刺激に対して
価値があり，また顕著性も増加することになる。一方で嫌悪刺激に
は価値はないが顕著性は高い。彼らは食品を用いてこれらの条件に
相当する刺激を作成し，それを提示したときの脳活動の計測を行っ
た。その結果，彼らは vmPFC が刺激の顕著性よりもむしろ価値に
関係していると結論づけた。

　眼窩前頭皮質や前帯状皮質および側坐核は，主観的な価値と強い
相関を示す。これに対して島の活動は主観的な価値との関係がU字
型になることが知られている。この現象は島が顕著性の高い対象を
表現していることを示唆している。バルトラは多数の脳活動計測の
研究を展望し，主観的価値の評価に関わる脳領域群を2つのタイプ
の領域に分類できることを明らかにした（Bartra, 2013）。その一つ

110

Ⅲ章　感情障害のしくみ

が前島，背側線条体，背内側前頭前野，視床などであり，主観的価値がプラスの場合にもマイナスの場合にも反応するというU字型の反応を示す。したがって顕著性を表現していると言える。また島にはネガティブな感情と意思決定を統合する働きもあると言われている。もう一つのグループは，上で述べた眼窩前頭皮質，前帯状皮質，側坐核なのである。

　さて，直感的意思決定のしくみを調べる研究で最もよく使われるのが，すでに説明したアイオワギャンブル課題である。ビシャーラらは，アイオワギャンブル課題で参加者は，試行が進むにつれてよい山からカードを引くようになるが，この選択行動の変化が見られる頃に，悪い山からカードを引く直前に生じる予期的な SCR が高くなることを見いだした（Bechara et al., 1997）。しかも，この反応が起きるのは，まだ引く山が悪い山であるという意識が生じていない段階なのである。

　直感的な意思決定には大きな個人差があり，実生活においても似たような場面で各人が異なる意思決定を行うことはよく見受けられる。ソマティックマーカー仮説は意思決定が情動的身体反応の影響を受けることを提唱しているが，個人の意思決定の違いが身体反応の違いによるものか，そのほかの要因によるものなのかは明らかになっていない。前川と乾（2017）はアイオワギャンブル課題を用いて，カードを引く直前に SCR と心拍数に予期的な変化が観察されること，およびパーソナリティと生理反応の間に相関があり，生理反応の大きい人ほどアイオワギャンブル課題の成績がよいことを明らかにしている。

point 28 アイオワギャンブル課題では，山の良し悪しは意識的にわからないが，悪い山を引く直前には末梢の自律神経反応が見られる。

Ⅲ-6. 自分の感情をコントロールする

ポジティブな感情により，思考が柔軟になり，視野が広くなり，先入観に基づいた行動が減少する（Fredrickson, 2001）。そしてわれわれは自己の感情をよりポジティブな方向に調整することができる。この機能を感情調整という。感情調整の方法の一つに認知的再評価があり，特に注目されている。認知的再評価とは，直面している問題に対して見方やとらえ方を変えることによって問題をよい方向に考えることである。このような認知的再評価により，抑圧的な経験もよりポジティブにとらえることが可能となる。逆境に遭っても立ち直る力（これをレジリエンスという）が高い人は，このような認知的再評価をよくやっている人だと言われている。また認知的再評価は不安障害や PTSD といった疾患の予防にも有効な方法である。

認知的再評価の神経機構

ストレスによって脳幹からノルアドレナリンが扁桃体，側坐核，前頭前野などに放出されること，また不安障害ではノルアドレナリン作動系の慢性的な過剰反応が見られることが知られている（Feder et al., 2009）。ネガティブな感情を抑えるように認知的再評価を行っているときの脳活動を計測すると，背外側前頭前野や腹内側前頭前野の活動上昇，および扁桃体と側坐核の活動低下が見られる。詳細に検討することによって，前頭葉が扁桃体や側坐核の活動を制

Ⅲ章　感情障害のしくみ

御することにより，感情調整を行っていることがわかった。ではどのようにして認知的再評価を行うのだろうか。ここでオクスナーらの実験を紹介しよう（ここではネガティブな感情の軽減条件だけについて紹介するが，実際の実験ではより多くの条件で行われている）(Ochsner et al., 2004)。この実験でもすでに紹介した IAPS のデータベースが用いられた。参加者に提示される画像によって誘発される感情を低下させるように教示を与える。低下させる方法によって，あらかじめ2群に分かれて練習をしておく。一つは自己焦点群で，もう一つは状況焦点群である。いずれの群も，自己の感情，行為などを解釈し直すように言われた。自己焦点群の参加者はネガティブな感情を軽減させるとき，登場人物とは何らつながりがないと思い，画像内容との距離感をより遠くにもつようにして，第三者の視点から見るようにした。状況焦点群の参加者は，ネガティブな感情を軽減させるために，提示された画像の状況に対してこの後よくなっている状況を想像するよう教示された。たとえば，病床の様子が提示されるとその人は疲れているだけで，本来強い体質で，今後急速に回復しそうであると想像する。これらの認知的再評価を行っているときの脳活動を計測した結果，ネガティブ感情の軽減と，扁桃体の活動低下および右外側眼窩前頭前野の活動上昇との相関が見られた。また自己焦点群では右内側前頭前野の活動が，状況焦点群では左外側前頭前野の活動が見られた。

　その後，別の研究グループの研究により，認知的再評価時に眼窩前頭皮質と背内側前頭前野が扁桃体と負の結合関係にあることが見いだされた。すなわち，眼窩前頭皮質や背内側前頭前野の活動が上昇すると，扁桃体の活動が低下するのである。また，この結合の強

113

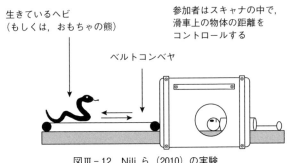

図Ⅲ-12 Nili ら (2010) の実験

さによってどの程度の感情の低下が起こるかを予測することができた (Banks et al., 2007)。

勇気をふりしぼって立ち向かうとき

たとえば、目の前で近づいてくるヘビに対して勇気をもって近づくと決めたときには何が起こっているのだろうか。ニリらはこの問題を検討するため、本物のヘビを使って脳活動計測を行った (Nili et al., 2010) (図Ⅲ-12)。この実験では、ヘビを怖いと感じる参加者たちに対し、彼らの頭の近くにいるヘビを少しずつもっと近い位置に移動させることを求めた。手元のプッシュボタンを使うことで、参加者は1ステップごとにヘビを近づけるか遠のかせるかを選択した。このとき、参加者が感じた恐怖感の強さと SCR の間には高い相関が見られた。しかし興味深いことに、非常に怖がりながらもヘビを近づける選択をしたときには、前帯状皮質膝下部 (図Ⅲ-4参照) の活動の増大と SCR の低下が一貫して見られた。つまり勇気をふりしぼり、恐怖を乗り越え、ヘビを近づけるときには、怖さを感じながらも身体反応は低下しているのである。また同時に扁桃体

や島などの情動誘発部位の活性化も低下していた。逆に後退すると
きには，前帯状皮質膝下部の活動低下と SCR の上昇が見られた。
この前帯状皮質膝下部を含む腹内側前頭前野（vmPFC）は感情調
整の役割を担っているだけでなく，PTSD で活動低下が報告され
ている領域でもある。ニリらの結果は，前帯状皮質膝下部が恐怖に
よる身体の緊張や覚醒を低下させる働きをもっていることを示唆し
ている。これまで前帯状皮質膝下部の役割は副交感神経を活性化さ
せることによって身体の状態の調整をすることと考えられていたが，
ニリらの結果はこの考えとよく一致する。また後退ボタンを選択し
たときは前進ボタンを押したときと比べて，右の背側前帯状皮質と
右の島の活動上昇が見られた。これまで述べてきたように，前者は
内臓運動皮質の一部であり，後者は意識的で主観的な感情中枢であ
る。背側前帯状皮質を電気刺激すると恐怖の強い感情が生じ，切除
すると不安感が低下する。以上の結果は，恐怖を乗り越えることに
注がれた大きな心的努力の結果として，扁桃体の活動低下が生じ，
恐怖刺激に立ち向かえたことを示していると考えられる。

　モッブスらは，バーチュアルな肉食動物が追いかけてくるような
事態における脳活動を計測している（Mobbs et al., 2009）。この研究
では，動物との距離が比較的遠い場合は上記のような腹内側前頭前
野（vmPFC）の活動が見られるが，もう絶体絶命だと思うときに
は活動が中脳水道周囲灰質に移動するということが見いだされた。
以上の結果を総合すると，恐怖状況にあってもむしろ立ち向かった
り課題を実行したりする場合には前帯状皮質膝下部を含む腹内側前
頭前野（vmPFC）の活動が見られるのである。

115

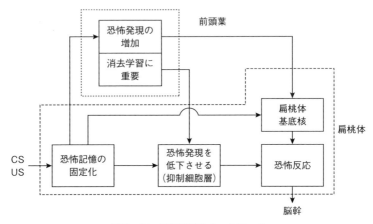

図Ⅲ-13 感情調整のネットワーク

注：前頭葉は前帯状皮質と腹内側前頭前野に対応する。下の破線で囲まれている部分は扁桃体内の神経核である。CS は条件刺激，US は無条件刺激である。

潜在的感情調整の神経回路

前節で紹介したように，恐怖に立ち向かう行動選択を行うときにも扁桃体の活動低下が生じるが，これは認知的再評価とは異なる潜在的感情調整機能である。これまでの多くの研究から，認知的再評価を行う場合は背外側前頭前野，腹外側前頭前野，および頭頂皮質などで顕著な活動が見られる。これらは意識的感情調整に関わる脳領域群と言える。一方，潜在的な感情調整では先に述べた vmPFC で一貫した活動が見られる。

感情調整の神経回路は，おおよそ以下のようなネットワークで実現されていると考えられる。たとえば，恐怖発現を低下させる場合には，腹内側前頭前野の活動が扁桃体の抑制性ニューロンが多く存在する抑制性介在ニューロン層に伝えられ，これによって恐怖行動を生ずる信号が中心核から脳幹に送られるのを抑制している。また

Ⅲ章　感情障害のしくみ

何らかの手がかり刺激に対する恐怖反応を引き起こす恐怖条件付け
では，扁桃体の外側核において手がかり刺激（条件刺激）と無条件
に起こる恐怖反応との連合が形成される。それが背側前帯状皮質に
伝わり，そこから再び扁桃体の基底核や中心核を通って脳幹に恐怖
反応の信号を伝えると考えられている（図Ⅲ-13）。

　第Ⅲ章のまとめ

　身体の内部状態を一定に保つ働きがホメオスタシスである。予期
せずにホメオスタシスの設定値から大きな変化が生じるということ
は，大きな（シャノンの意味での）サプライズの状態が生じたとい
うことである。生体は，常にサプライズを最小にするように行動し
ているというのが自由エネルギー原理から言える重要なメッセージ
の一つである。そこで大きな誤差，すなわちサプライズが起こらな
いように前もってホメオスタシスの設定値を変更する。これがアロ
スタシスである。アロスタシスには，内臓運動皮質である前帯状皮
質から内臓に適切な運動信号を送る必要がある。そして，内臓から
のフィードバック信号である内受容信号が島に伝えられ，それが適
切に理解されなければならない。これは時々刻々と変化する内受容
感覚の予測信号（期待もしくは信念とも言う）とこの内受容信号自体
が比較され，予測誤差が最小になるように予測信号を書き換えるこ
とによって可能となる。しかしながら，感情障害の場合，内臓運動
皮質による過活動や内受容信号の精度の低さ（分散大）のために，
予測信号によって自己の身体の内部状態を正しく理解することができ
ず，適切なホメオスタシス，アロスタシスが維持できないのであ
る。

また適切なアロスタシス機能は，直感的意思決定にも寄与し，不適切な選択をできるだけ避けるように働いている。意思決定場面において，報酬に対する予測誤差が側坐核で，罰に対する予測誤差が前島で計算されているらしい。そして，島は，リスク予測やリスク予測誤差に対応した活動を示す。腹内側前頭前野（vmPFC）や側坐核は，主観的な価値と強い相関を示す一方，島は主観的価値がプラスの場合にもマイナスの場合にも反応することが知られている。眼窩前頭皮質や腹内側前頭前野は感情調整にも中心的な機能を有し，扁桃体の活動を抑制して，感情を抑えるようである。これと類似した活動が，怖いながらも勇気をふりしぼり立ち向かっていく場合にも見られる。この場合，前帯状皮質膝下部が活動すると同時に，扁桃体や島の活動が低下する。

Ⅳ章 自由エネルギー原理による感情・知覚・運動の理解

Ⅳ-1. 脳はいかに推論を進めるか

脳のベイズモデルのこころ

ヘルムホルツが唱えたように，視知覚は網膜像から外界の構造や状態を推定する機能であると考えられている。この推論には，事前確率と条件付き確率（尤度）の知識が必要である。ここでは視知覚の生理学や心理物理学の詳細な知識を用いずに，知覚プロセスに関する脳のベイズモデルのこころをできるだけわかりやすく説明する。

同様の内容はⅡ章の最後で述べたが，ここではそれを再度整理し，より正確に述べることにする。まず，ある大きさ ϕ の物体が眼前にあり，この物体の網膜像が得られたとしよう。このとき，この網膜像によって，感覚神経の信号（以後，感覚信号とする）u が生じ，脳に伝えられるとする。ここで簡単化のために視知覚を，物体の大きさ ϕ を網膜像から推定する問題であると考える（このように感覚と知覚の区別をはじめて明確にしたのはヘルムホルツであった。付録も参照）。すなわち，感覚信号からそれが生成された原因である物体の大きさを推定する，ということがここでいう視知覚である。より一般的に言えば，知覚とは「与えられたデータからそれが生成された原因を推定する」ことであると考えるのである。

事前知識は大きさ ϕ の物体を見るあるいは経験する確率 $p(\phi)$ である。ここで事前知識 $p(\phi)$ は，平均値を V_p，分散を σ_p^2 の正規分布とする。一方，条件付き確率は，大きさ ϕ の刺激が与えられたときに，感覚信号 u が生ずる確率，すなわち $p(u|\phi)$ である（図Ⅳ-1）。感覚信号には，σ_u のノイズが加算されて脳に伝わると考えら

Ⅳ章　自由エネルギー原理による感情・知覚・運動の理解

最もありそうな大きさφを光強度の感覚信号 u から推定する。

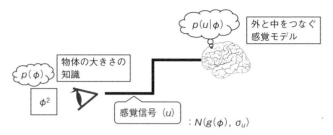

図Ⅳ-1　脳のベイズモデルのこころ

注：記号の意味はⅡ-6. を参照。

れる。したがって，Ⅱ-6. で述べたように，大きさφの物体を見たときに生じる感覚信号 u の確率分布は，平均値が $g(\phi)$，標準偏差が σ_u の正規分布をしていることになる。

したがって，事前確率は

$$p(\phi) = \frac{1}{\sqrt{2\pi\sigma_p^2}} \exp\left(-\frac{(\phi - V_p)^2}{2\sigma_p^2}\right)$$

条件付き確率は

$$p(u|\phi) = \frac{1}{\sqrt{2\pi\sigma_u^2}} \exp\left(-\frac{(u - g(\phi))^2}{2\sigma_u^2}\right)$$

と書ける（図Ⅱ-14 参照）。

　脳は，この2つの知識をもっていなければ推論することはできない。ベルケスら（2011）は，経験とともに事前知識が神経系で学習されることを明らかにしている（Barkes et al., 2011）。ベイズの考え方によれば，ベイズの反転公式によってこの2つの知識から事後確率が計算できる。ただしこれはいわゆる計算理論とよばれるもので

あり，具体的にどのような方法で神経ネットワークがこの問題を解いているかということは，さらに考えを進めていかなければならない。これについては後述する。

　さて一般に

$$p(u\,|\,\phi)p(\phi)＝p(\phi\,|\,u)p(u)$$

が成り立つので，

$$p(\phi\,|\,u)=\frac{p(u\,|\,\phi)\,p(\phi)}{p(u)}\quad（ベイズの反転公式）$$

となる。この式から事後確率が条件付き確率と事前確率の積に比例することがわかる。

　このように，事前確率と条件付き確率がわかれば事後確率を計算することが可能である。しかし，ここで計算されるのはあくまでも「感覚信号 u が生じたときに見ている物体の大きさが ϕ である確率」である。つまり，さまざまな大きさの物体がどのくらいの確率で眼前にあったと言えるのかという確率しかわからない。では，どのようにして眼前にある物体の大きさを 1 つに絞ればよいのだろうか。Ⅱ-6. で述べたように，事後確率が最大になる ϕ の大きさの物体が眼前にあると結論するのである（最大事後確率推定とよぶ）。

　ではどのようにしてこの最大事後確率推定を行い，物体の大きさを推定するのだろうか。これには 2 つの方法がある。いろいろな ϕ に対して事後確率を求めることを考えてみると，右辺の分母 $p(u)$ は ϕ とは無関係である。したがって，事後確率 $p(\phi\,|\,u)$ を最大にするには，分子の $p(u\,|\,\phi)p(\phi)$，つまり事前確率と条件付き確率の積が

IV章　自由エネルギー原理による感情・知覚・運動の理解

最大になるようなϕを見つけてくればよいということになる。この方法については前章で述べた。しかしながら，この方法では最大の事後確率が得られるϕの値は決定できるが，確率分布そのものを求めることはできない。そこで問題を整理しつつ，もう一つ別の方法を紹介しよう。ベイズの反転公式を使い，事後確率を計算するのであるが，そもそも問題は，分数の分母の計算方法である。この方法に関しては物理学において多くの研究がなされており，次のようなおもしろい解法が知られている。それは，事後確率をそのまま計算するのではなく，ある分布$q(\phi)$を考え，実際の事後分布$p(\phi|u)$にできるだけ近い$q(\phi)$を求めるという方法である。この2つの分布の距離は，すでに述べたように次のように定義される。

$$KL(q(\phi)||p(\phi|u))=\int q(\phi)\cdot\log\frac{q(\phi)}{p(\phi|u)}d\phi$$

KLはII-5.で述べたカルバック・ライブラー情報量であり，これは2つの分布の距離（正確には距離の定義を満たさないが，距離のようなもの）なのでこの値が最小になる$q(\phi)$を求めればよい。

further study 4

> $p(\phi|u)$は，データuが与えられたとき，ϕが起こったと言える確率である。「起こったと言える」なので，推論だということがわかるだろう。たとえば，uを窓ガラスが割れていたという事象とすると，ϕには泥棒が入ったという事象，地震が起こったという事象，野球ボールが当たったという事象などが考えられる。このとき事後確率は，泥棒が入ったと言える確率，地震が起こったと言える確率，野球ボールが当たったと言える

確率となる。推測確率である。また，ϕ は u が生じた（見えない）原因であり，隠れ原因（hidden cause）と言う。

最大事後確率推定の場合は，ベイズの反転公式の分母が共通なので，分母がわからなくてもともかく分子が最大になる事象をさがしてそれが原因だと言えばよい。ところが事後確率そのものを計算するためには分母の値も必要なのである。これをいかに解くかが問題で，多くの研究がなされてきた。

自由エネルギー原理とは

ここで，いよいよ自由エネルギー原理の概要について説明しよう。自由エネルギー原理はフリストンが2005年から2010年の間に脳の情報処理の統一理論として構築したものである（Friston, 2005；2010）。前項で，事後確率 $p(\phi|u)$ を推定するためにはそれを近似できる $q(\phi)$ を求めればよく，そのためにはカルバック・ライブラー情報量を最小化すればよいことを述べた。ここでもヘルムホルツの研究が力を発揮する。彼は，ある系（システム）の内部エネルギーから，熱になって出ていくエネルギーを引き，実質仕事としてとりだせるエネルギーを，自由に仕事に変わりうるエネルギーという意味で，「自由エネルギー」と名付けた。実はこのヘルムホルツの自由エネルギーと同じ形の式が，カルバック・ライブラー情報量，すなわち2つの確率分布の間の距離（みたいなもの）に含まれているのである。そして，$q(\phi)$ と関係のない項を無視すると，カルバック・ライブラー情報量を最小化する，すなわち，事後確率を最適に近似できる $q(\phi)$ を求めるのは，ヘルムホルツの自由エネルギーを最小化することと等価であることがわかった。これが，フリストンたちが着目した点である。

$q(\phi)$ と $p(\phi|u)$ の違い（距離のようなもの）はカルバック・ライブ

IV章　自由エネルギー原理による感情・知覚・運動の理解

ラー情報量（KL）として前項で述べたように定義することができる。さらに，

$p(\phi|u)p(u)=p(\phi, u)$ なので，

$p(\phi|u)=p(\phi, u)/p(u)$ を用いて，式を変形すると，

$KL=$（ヘルムホルツの自由エネルギー）$+$（$q(\phi)$ とは関係ない $p(u)$ のみの項）

と書けるのである（自由エネルギーの導出については，章末【参考1】に記すが，特に式の導出に関心のない読者は読み飛ばしてよい）。したがって，KL を最小化する（すなわち事後確率を近似する）$q(\phi)$ は，ヘルムホルツの自由エネルギーを最小化することで求めることができる。以下で述べるように，この自由エネルギーを最小化することは具体的には予測誤差を最小化することに相当し，それは事後確率を最大化するというベイズ推論に相当することが示されている。

予測誤差最小化とは

では，なぜ自由エネルギーを最小化することが予測誤差を最小化することになるのだろうか。$q(\phi)$ が特殊な分布の場合は，自由エネルギーもまた事前確率と事後確率の積を含む式で書ける。

ここで，事前確率は

$$p(\phi)=\frac{1}{\sqrt{2\pi\sigma_p^2}}\exp\left(-\frac{(\phi-V_p)^2}{2\sigma_p^2}\right)$$

条件付き確率は

125

$$p(u \mid \phi) = \frac{1}{\sqrt{2\pi\sigma_u^2}} \exp\left(-\frac{(u - g(\phi))^2}{2\sigma_u^2}\right)$$

であった。ごく直感的に言えば，事前確率も条件付き確率もともに正規分布なので，事前確率と条件付き確率の積はまた正規分布のような形をしている。最大事後確率推定をするために，この積を最大化するということは，Ⅱ-6.で見たように，指数の肩の部分，すなわち $\dfrac{(x-\mu)^2}{2\sigma^2}$ の和を最小化するということになるのである。

Ⅳ-2. 脳の階層構造と階層的推論

脳の階層構造は外界の情報の階層構造を反映している

自然界のさまざまな特徴は，階層的に構造化されている。たとえば，面の明るさや色は，光源の色や面の方向や奥行きによって規定され，さらに面の奥行きや方向は，物体の形状の一部であり，さらには複数の物体がどのように配置されているかということに依存している。実は，大脳の視覚系でも実世界のこのような順序で階層的に処理が進められているということが知られている。たとえば，最も低次のレベルで明るさや色を処理し，つぎに面の向きや奥行きを処理し，さらに高次のレベルで物体の配置などを理解するところといったように，階層的に処理が進むのである（乾, 1993 参照）。また面の色は，面の性質だけでなく，照明光の色，他の面の配置によって決まる相互反射，さらには面の曲がり方（曲率）や奥行きの変化などにも依存している。これらの属性はすべて相互に関係しているので，それぞれの処理を行う領野は相互に情報を交換している。

IV章　自由エネルギー原理による感情・知覚・運動の理解

すなわち，階層的に情報が処理されると同時に，高次の処理と低次の処理の一貫性が保たれているような処理こそが，脳の処理様式であると考えられる。このような階層的な処理は，階層的ベイズ推定の枠組みで，前述の考え方を拡張することで説明できるのである。

👆 point 29　さまざまな原因（色・照明光・物体形状など）で生成された網膜像からそれが生成された原因を推定することが視覚の機能である。

　最近の計算理論では，階層的ベイズ推定という枠組みで，これらの視覚情報のみならず，さまざまな脳の情報処理のモデル化が進められている。階層的ベイズ法とは，各レベルで推定すべき属性の事前確率が，一段高いレベルで推定される属性値の確率分布として規定されるというものである。すなわち，上位の原因が下位の原因の変化を誘発するとして世界をモデル化するのである。このように，何段もの階層的な制約を考慮して推論を行う（図IV-2）。

👆 point 30　脳の階層構造は外界の情報の階層構造を反映し，多くの属性が同時並行的に解かれる。

　脳は階層的に推論を進める

$KL =$（ヘルムホルツの自由エネルギー）$+$（$q(\phi)$ とは関係ない $p(u)$ のみの項）

であるから，KL を最小化する（すなわち事後確率を近似する）$q(\phi)$ はヘルムホルツの自由エネルギーの最小化により求めることができ，これにフリストンたちが着目したということはすでに述べた。なお，正確に式を展開すると，上式の第2項は $p(u)$ の対数，すなわち感覚信号 u の生起確率の対数となり，u に対する対数証拠，またはシャノンのサプライズ（further study 1 を参照）になる。感覚信号 u は行動（または注意）の関数なので，行動（または注意）を変えるこ

127

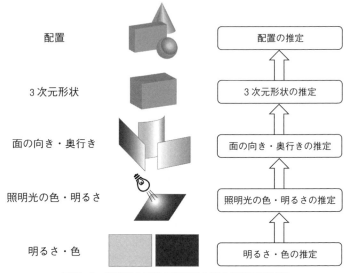

図Ⅳ-2　自然界の特徴の階層性と脳内処理の階層性

とによって最小化することができる。自由エネルギーを最小化することは予測誤差を最小化することに相当し，それは事後確率を最大化するというベイズ推論に相当する。

ここで書き方を変えて，εをノイズとして前述の関係を簡単な非線形関数で表そう。uを感覚信号，V_Pを大きさの事前確率の平均値とし，それぞれにノイズ$\varepsilon_u, \varepsilon_P$が加えられているとすると，

$$u = g(\phi) + \varepsilon_u$$
$$\phi = V_P + \varepsilon_P$$

となる。

階層的ベイズ推定の枠組みで，これがどのように解かれているかを考えてみよう。原因ϕ_iが一段高いレベルでの原因ϕ_{i+1}によって

Ⅳ章　自由エネルギー原理による感情・知覚・運動の理解

生ずるような階層レベル i を考える。u と ϕ の関係が，ϕ_i と ϕ_{i+1} の間に成り立つと考えると，階層的表現は以下のようになる。

$$u = g_1(\phi_2) + \varepsilon_1$$
$$\phi_2 = g_2(\phi_3) + \varepsilon_2$$
$$\phi_3 = ...,$$

これは外界の因果関係の階層構造を脳内で再現したものと言える。このように外界で生じた事象の原因推定は，前述のように予測誤差の最小化によって実現されているようである。これの概略を図Ⅳ-3(a)に示す。図Ⅳ-3(b)は，脳内でのより具体的な計算の流れである。フリストン（Friston, 2010）の自由エネルギーを最小化するネットワーク構造では，階層レベル i-1 に入力される信号の予測信号が階層レベル i から送られ，階層 i-1 において予測誤差が計算される。そしてその誤差が再び階層 i に伝えられ，より正しい予測ができるようになる。すなわち脳内ではあらゆるところで予測信号と予測誤差が伝えられているのである（予測誤差による予測信号の更新式については章末の【参考２】を参照）。

　図Ⅳ-3はこのような情報の流れを示している。すなわち，各階層では予測信号と予測誤差の信号が生じ，階層間でその一貫性が保たれるようなしくみになっているのである。いったん，このような枠組みが理解されれば，われわれは，知覚と認知の間に境界は存在せず，低次の知覚から高次の認知まで，互いに関係しあって首尾一貫した解釈や推論がなされていることに気がつくであろう。実は脳内では，知覚と運動も区別できないようなしくみになっている。次節ではこの点について詳しく述べることにする。

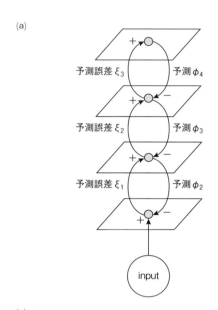

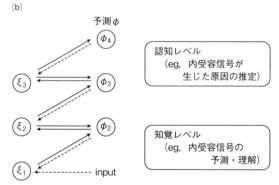

図Ⅳ-3 予測誤差を最小化する階層的ネットワークの構造
(a) 階層的に自由エネルギーを最小化するネットワークの概念図
(b) 予測ユニットと予測誤差ユニットの相互作用
注：各階層にそれぞれ予測ユニットと予測誤差ユニットが存在する。

Ⅳ章　自由エネルギー原理による感情・知覚・運動の理解

 point 31　知覚と認知の境界はない。すべてが切れ目なく互いに相互作用している。

Ⅳ-3．能動的推論——知覚と運動が区別できないしくみ

知覚と運動をとらえ直す

　知覚は感覚信号が基礎になっていることは言うまでもない。感覚神経は，外受容信号，自己受容信号，内受容信号を伝える。視知覚は，網膜から伝えられる外受容信号（視覚信号）をもとに，この信号が生じた原因，すなわち外界の構造や状態を推論した結果である。これは「知覚は無意識的推論によって得られる」というヘルムホルツの考えに基づいている（本書付録参照）。ヘルムホルツによりこの主張がなされたのは1860年頃のことだが，その後この推論がどのようにして行われるのかが150年もの長きにわたって議論されてきた。われわれの研究も含めて，1990年代にはかなり具体的な処理過程が明らかにされるようになった。視知覚の場合，外界はこういう構造や状態になっているのではないかという期待もしくは予測信号がまず生じなければいけない。そしてこの信号が感覚信号と比較されて修正され，正しい予測信号が得られる。これが視知覚である。つまり，視知覚は，網膜から信号が来れば自動的に生じるのではない。われわれに見えている世界は，われわれの脳が作り出した予測または期待なのである。ラマチャンドランは「脳の中の幽霊」で次のような特殊な患者を紹介している（Ramachandran, 2003）。

　「アントン症候群とよばれる奇怪な疾患の場合は，皮質損傷のために目が見えなくなった患者が，自分の目が見えないことを否定し

131

ます。おそらく彼は，それらしいメタ表象だけがあって，一次表象はないという状態なのでしょう。」

このような一種の病態失認も，中枢からの予測または期待信号がわれわれの意識を作り出しているからこそ生じるのだと考えることができる。

自由エネルギー原理の観点からは，知覚とは「感覚信号の予測誤差を最小化するように予測信号（信念）を修正することにより，感覚信号が生起した原因を推論すること」である。このとき，予測誤差が最小になるように予測信号を変え得るという点が重要である。

運動についても，自由エネルギー原理では従来とはまったく異なる観点でとらえられる。運動も感覚信号の予測によって実現されていると考えるのである。運動の目標とは，その運動の最終状態となる筋骨格系の状態，より具体的にいえばその状態のときに筋肉のセンサ（これを自己受容器という）から出る自己受容信号であるととらえられる。わかりやすく言えば，コップをつかむとしよう。このときの運動の目標は，コップをつかんだ状態の自己受容信号なのである。そしてそれを達成するように手を動かすと考える。この考えを支持する生理学的知見として，運動野のニューロンを電気刺激したときに生じる運動は，刺激前の手の位置とは関係なく同じ姿勢をとるという（Graziano, 2006）。これが意味するのは，脳は運動するときに手の初期位置と最終目標位置の差に対応する信号を出力しているのではない，ということである。運動野から出る信号は運動指令信号ではなく，自己受容予測なのである。換言すれば，大切なことは，運動野から出る信号は，感覚の予測信号だということである。

運動野が感覚の予測信号を出すと，現在の自己受容信号と目標と

132

IV章 自由エネルギー原理による感情・知覚・運動の理解

なる自己受容予測信号との差, すなわち予測誤差が生じる。この予測誤差がなくなるまで運動する, より具体的には, 後述する「筋肉の自己受容器→脊髄運動ニューロン→筋肉」という信号の流れの反射弓を働かせることで, 目標が達成できる。つまり, 随意運動においてもこの反射弓が主役なのである（反射弓については further study 5 も参照)。

したがって, 自由エネルギー原理では, 運動とは「目標となる状態の自己受容感覚を予測信号とし, それが達成されるように反射弓を駆動させる」ことである。

知覚の場合は予測誤差によって予測信号が更新されるが, 運動の場合に同じようにしてしまうと, せっかく目標として立てた自己受容感覚予測自体が変化して運動の目標が変わってしまう。したがって運動制御においては, 目標として立てた自己受容感覚を途中で変化させずに, その運動を達成することが必要である。そこで運動制御では予測誤差が中枢に向かうのを抑制する必要がある。別の見方をすると, これは自己受容予測の信号の精度がきわめて高いから予測誤差を無視すればよいともとらえることができる。自由エネルギー原理では, 運動系ではこのような予測誤差の抑制が一般的に見られると考えるのである（内臓運動についても同じことが言えるのだが, これについては後述する)。

☞ point 32　運動野から筋肉に伝えられるのは運動指令信号ではなく, 目標となる姿勢の自己受容感覚である。

知覚と運動

これまでの説明で知覚と運動の違いを明確にしてきた。

知覚は, 予測誤差が最小になるように予測信号を修正して感覚信

号が生じた原因を推論する。

一方，運動は予測誤差が最小になるように筋肉を動かす。このとき予測誤差は抑制される。

そして，ヘルムホルツの自由エネルギーは，

（自由エネルギーの最小化）
　　　　＝（予測誤差を最小化するように信念を書き換え予測を最適化する）
　　　　＋（予測誤差を最小化するような行動をとる）

上式の右辺にあるいずれかの方法で最小化できる。これは自由エネルギー（自由に使えるエネルギー）が，

（自由エネルギー）＝（内部エネルギー）－（エントロピー）

となっていて，式を変形すると上のような2つの項が導き出せるのである（章末参照）。

さてここで，手足の運動のしくみを例に具体的に説明しよう（図IV-4）。自由エネルギー原理では，運動野から出力される信号は運動指令ではない。運動ニューロンからの出力は，目標となる状態をとったときの自己受容感覚の予測，言い換えれば期待される自己受容感覚である。だから，知覚においても運動においても予測はすべて感覚信号なのである。ただ，運動において予測する自己受容感覚を実現するためには，予測誤差によって予測信号が変化しないように，先述したように予測誤差を抑制する必要がある。これは一般にGABA という抑制性の伝達物質によって実行されていると考えられている。運動野から出力された予測信号が脊髄を経て末梢の運動

134

IV章　自由エネルギー原理による感情・知覚・運動の理解

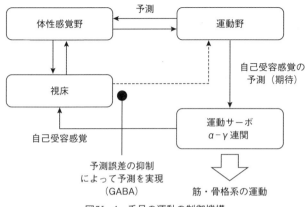

図IV-4　手足の運動の制御機構

サーボ機構を動かすことにより，自己受容感覚の予測誤差が最小化されるような手足の筋・骨格系の運動を正確に作ることができる。また，この運動によって生じた自己受容感覚は体性感覚野に送られる。これと同時に，運動サーボへ送られたのと同じ予測信号が運動野から体性感覚野へ送られる。運動野が目標となる身体状態を出力するのに対して，体性感覚野はその時々の身体状態を出力すると考えられている。

 point 33　脳内では，知覚と運動は区別できない。

further study 5

> 運動サーボ機構
> 筋肉の収縮は，脊髄にあるα運動ニューロンとγ運動ニューロンによって制御されている。α運動ニューロンは入力に応じて筋肉に信号を送り収縮させる。筋肉には筋紡錘とよばれ

る自己受容器があり，筋肉が伸びるとそれを感知して反応する。γ運動ニューロンの活動によって，筋肉が収縮しても筋紡錘が緩まないように筋紡錘も収縮させることで，感度を一定に保っている。筋肉が伸張すると筋紡錘が働き，その情報をα運動ニューロンにフィードバックすることにより，筋肉を収縮させて長さを一定に保つように制御されている。このしくみによって，筋肉は引き伸ばされると収縮する。これが伸張反射とよばれるものである。伸張反射は姿勢制御にとって重要である。自由エネルギー原理に従うと，自己受容感覚の予測信号がこのα運動ニューロンに入力され，サーボ機構が働くことによって，筋肉が期待される長さに調節される。自由エネルギー原理では，α運動ニューロンは自己受容感覚の予測誤差を伝達し，γ運動ニューロンによって予測誤差の精度が決められる。

　まとめると，視覚野は網膜から来る外受容感覚（視覚）信号を予測し，運動野は筋肉からくる自己受容感覚を予測している。ともに予測しているのは感覚信号なので，中枢では感覚と運動の区別はないといえる。末梢の反射弓とよばれる運動サーボ機構を駆動することによって予測を実現し，予測誤差を最小化するというのが運動である。自由エネルギー原理のもとでは，知覚と運動は循環していて区別することは難しい。たとえば，運動の目標は主に自己受容感覚の実現であるが，運動が生じると今度は筋肉の自己受容感覚が体性感覚野に送られるというように，運動と知覚は常に循環して生起する。このような関係を循環的または円環的因果律という。

　より高次のニューロンは，1つの感覚の予測だけでなく，いくつもの感覚の予測をしている可能性がある。ミラーニューロンはまさ

IV章　自由エネルギー原理による感情・知覚・運動の理解

にそのようなニューロンの一例と言える。視覚や聴覚などそれぞれ
の感覚の種類を感覚モダリティ（感覚様式）と言うが，ミラー
ニューロンは，視覚や聴覚などの感覚だけではなく運動も予測して
いるので，感覚を超えたアモーダル予測器と言える。自己が運動す
るとき，ミラーニューロンは運動ニューロンとして自己受容感覚の
予測を出力する。一方，他者の動作の認知では，外受容感覚，特に
視覚の予測信号を出力しているとみることができる。また視聴覚ミ
ラーニューロンでは，聴覚の予測信号も出していると考えられる。
ただ，モードによって出力を切り替えているわけではなく，観察時
にはミラーニューロンが活動しても，運動を実行するのではないの
で，自己受容信号の精度がきわめて低く，結果として予測誤差の精
度も悪くなりほとんど無視される。運動時にはこの自己受容予測が
高い精度をもち，運動を実行するのである。

　能動的推論とは

　前述のように，自由エネルギーを最小化する方法は2つある（図
IV-5）。一つは知覚において見られるもので，予測誤差を最小化す
るように予測を書き換える方法である。もう一つは，予測と一致す
るように感覚データをサンプルする方法である。つまり知覚ではな
く行動を変化させることによっても自由エネルギーを最小化するこ
とができる。これはシャノンのサプライズを最小化させることに対
応しており，平たく言えば予期したものを見たり，あるいは予期し
た刺激のほうに注意を向けたりすることで達成される。感覚信号の
生起確率にあわせて注意を向けるということは，II-6.で述べたよ
うにその感覚信号の精度を上げることでもある。また，知覚と運動

137

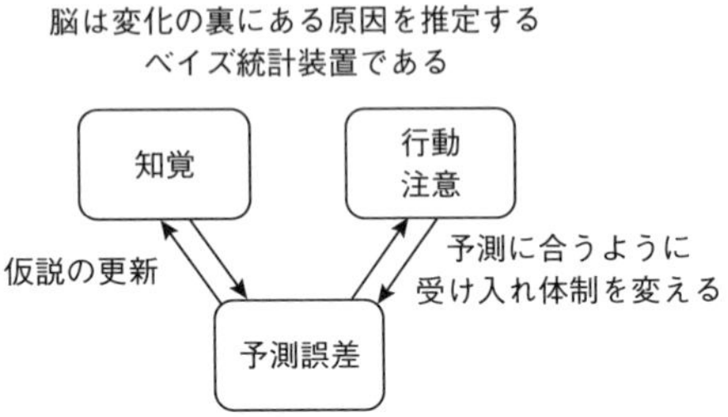

脳は変化の裏にある原因を推定する
ベイズ統計装置である

知覚

行動
注意

仮説の更新

予測に合うように
受け入れ体制を変える

予測誤差

図Ⅳ-5　知覚・行動・注意の役割

はいずれも予測誤差を最小化するという点では共通であるが，その
方法が異なっており，前者を（ヘルムホルツの）無意識的推論，後
者を（フリストンの）能動的推論とよぶ。

point 34　能動的推論では，予期したものに注意を向けたり接近したり
することにより自由エネルギーを減少させる。

　能動的推論では，信号の精度（分散の逆数）に依存して，予測信
号の目標を達成するのかそれとも予測（信念）自体を書き換えるの
かが決まる。高い精度の期待は予測誤差による修正を受けず，行動
の目標として作用するからである。そして，どの感覚信号に注意を
向けるかは，感覚信号の精度に依存する。どの事象に注意し予測す
るべきか（注意と計画），どの予測に価値があり遂行されるべきか
（目標達成）は（相対）精度によって決まる。

　運動制御とアロスタシス

　自由エネルギー原理の立場では，ホメオスタシスおよびアロスタ
シスの制御は，それぞれ異なる時間スケールでの身体状態の能動的
推論として理解できる。運動神経，自律神経，内分泌についての行
為を選択することで，これらはそれぞれ現在および将来の身体状態

IV章　自由エネルギー原理による感情・知覚・運動の理解

についての信念を達成する。つまり現在および将来の内臓感覚の平均サプライズ（エントロピー）を低下させるのである。

　自由エネルギー最小化を単純化して言うと，予測誤差の最小化である。通常の環境条件では，知覚（予測誤差を最小化するように信念を変えること）と行動（期待や予測を満たすための行動を行う能動的推論）は同時に行われる。内部状態は，自律神経反射によって内受容予測が実現されるように制御される。たとえば，血糖値が下がり空腹になってくると，最適なホメオスタシスレベルとの差によって内受容感覚の予測誤差が生じ，それによって摂食行動の動因が働く。このとき外受容感覚や自己受容感覚の予測誤差は，現在食事をしていないという事実を知らせ，それを最小化することによって，摂食行動が実現される。前述の運動制御と同様に，ホメオスタシスやアロスタシスの制御には内受容予測誤差の抑制が必要となる。内受容系においては，内受容信号による動因を達成できるようにホメオスタシスの状態を変更させる。この場合の予測は，自己の感情および身体状態に関する目標に相当する。この信号が出力されるのは島と結合している前帯状皮質であり，この領域からフォン・エコノモ・ニューロンによって高速に視床下部や脳幹に信号が送られると考えられている（図IV-6）。これにより自律神経反射の設定値が変更される。手足の運動で説明したときと同様に，内臓運動皮質の一つである前帯状皮質からの出力は目標となる感覚（内受容感覚）であり，換言すれば内受容感覚の予測または期待の信号である。この予測信号は前述の通りフォン・エコノモ・ニューロンによって高速に視床下部に伝達されるが，この予測状態を正確に達成するためには，運動制御のときと同じく予測誤差の抑制が必要である。内受容信号の

139

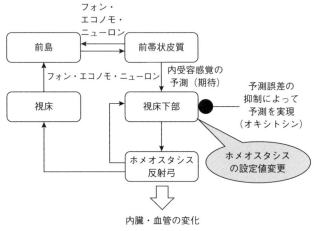

図Ⅳ-6 内臓および血管の制御機構

予測誤差を抑制する必要があるのは,内受容予測信号(期待)の状態に向かって身体の状態を変化させるためである。別の見方をすると,これは内受容感覚信号から注意を逸らすことだとみることもできる。こうした予測誤差の抑制は,伝達物質の一つであるオキシトシンによって実行されている。正確に言えばオキシトシンがGABAによる抑制を促進する(Quattrocki & Friston, 2014)。また,前帯状皮質から予測信号が送られることにより,ホメオスタシスの設定値が変更され,ホメオスタシスの反射弓が駆動し,内臓や血管の変化が生ずる。内受容信号は視床を経て前島に送られる。前島と前帯状皮質の間も,フォン・エコノモ・ニューロンによって高速に信号が伝達される。

Ⅳ章　自由エネルギー原理による感情・知覚・運動の理解

図Ⅳ-7　自己所有感とホメオスタシス

Ⅳ-4．内受容感覚とさまざまな機能

内受容感覚と認知，意思決定

内受容性の能動的推論は，意思決定に対する間接的な影響を通して直感的意思決定にも影響し，ホメオスタシスを維持するのに寄与している。たとえば，内受容感覚の感度が高い人ほど直感的意思決定に対する影響が大きい（Dunn et al., 2010）。すでに述べたが，内受容感覚は認知も変化させることが知られている。例を挙げよう。心臓が収縮して血液を送るときを心臓収縮期とよび，このとき血圧の変化を検知する圧受容器が血管運動中枢（脳幹にある）に信号を送る。この収縮期に同期して顔刺激を提示すると，恐怖表情の顔の検出率は高くなり，表情の強さも上昇する（Garfinkel et al., 2014）。またモズリーら（Moseley et al., 2008）の実験データにより，ホメオスタシス制御が能動的推論（身体化による推論）に不可欠であること（図Ⅳ-7）が示されている。彼らはゴムの手錯覚の実験で，ゴムの手を自分の手であると錯覚しているときに，本当の手のほうの皮膚温が低下していることを示した。ゴムの手錯覚というのは，机の上に置いてあるゴムの手が，あたかも自分の手であるように感じる錯覚のことである。通常，机の上にゴムの手が置いてあり，自分

の手は見えないようにしておく。この実験系では，ゴムの手が棒で軽く叩かれると同時に自分の手も同期して同じ刺激が与えられるようになっている。これをしばらく続けると，見えているゴムの手が，あたかも自分の手のように感じるのである。この現象は，身体の視覚と触覚の同期する刺激によって自己身体の所有感が生じることを明らかにしている。内受容感覚の感度が高い人ほどゴムの手錯覚が起きにくいことも報告されているが（Tsakiris et al., 2011），これは内受容感覚の高い人ほど外受容感覚（この場合，視覚と触覚）の手がかりに同化されにくいことを示唆している。

　現在では，このゴムの手錯覚の実験が拡張され，同様の錯覚を全身に関して生じさせる実験も知られている。この種の実験では，参加者を背後からカメラで撮影し，その映像を参加者にヘッドマウントディスプレイで呈示する。すると参加者には，ディスプレイの中に自分の後姿が見えることになる。このとき，ゴムの手錯覚と同様に，何らかの方法で肩や背中を叩いて視覚と触覚の手がかりを同期させると，あたかもヘッドマウントディスプレイ内に見える自己の位置に自分が存在するような感覚が生じる。これはまさに幽体離脱的体験であり，人工的に自己存在感を生み出していると言える。また，自己の映像を心拍や呼吸に同期させて点滅させるとこの錯覚が促進される。これは，内受容感覚が多種類の感覚を通じて自己存在感に影響することを示している。

内受容感覚と催眠，瞑想

　さて，われわれは何らかの行為を遂行しているとき，それはまさに自分がしていることだという感覚（自己主体感）をもっている。

Ⅳ章　自由エネルギー原理による感情・知覚・運動の理解

それは一見当たり前のようであるが，行為をしているにもかかわらず自己主体感が欠けてしまう場合がある。ここでは 2 つの場合を紹介する。一つは統合失調症の症状により，もう一つは健常者が催眠にかけられている状態により起こるものである。

　統合失調症の一級症状として「させられ体験」というものがある。これは，たとえば自分が話しているのに誰かに言わされたと思ったり，自分が何かをしたのに嫌いなお父さんにさせられたと思ったりといった被害妄想のことである。させられ体験ではこのように自己主体感の喪失が見られるが，この機構はフリスらによって明らかにされた（Frith et al., 2000）。たとえば手を動かそうとするときは，運動野のニューロンが手の筋肉に信号を送る。そして手を見ていると動いたことがわかり，それは視覚情報として脳にフィードバックされる。一方，脳は運動制御信号を出すと同時にどのように手が動くかを予測する信号を出し，その予測とフィードバック信号を比較している。これはまさに自由エネルギー原理の考えと同じである。つまり，運動ニューロンは運動するために自己受容感覚の予測信号を出すと同時に視覚情報の予測信号も出す。このとき，能動的推論によって自己受容感覚の予測誤差は抑制されている。一方，視覚情報の予測は，予測機構が正しく働いてさえいれば視覚のフィードバック信号と一致するので，普通であればこの予測誤差も抑制されることになる。フリスら（2000）は，統合失調症患者のさせられ体験時には，この視覚予測誤差が抑制されないことを見いだした。つまりさせられ体験時には予測がうまく働かず，自分が動かしているにもかかわらず予測誤差が大きいため，これは他者に動かされていると解釈してしまうのである。たとえば誰かに手を持ってもらって

自分の手をあげてもらうとする。このときは，自分の脳は運動指令を出していないが，感覚フィードバックだけ生じるので予測誤差が大きくなる。したがって予測誤差が大きいときに他者にさせられていると思うのは合理的なのである。

　では，催眠によって手があがっていく場合はどうなのだろうか。たとえば催眠にかかった状態のとき，右手が挙がりますよと言われるままに手が挙がっていくとする。このとき手を挙げているのは自分だが，自分が挙げたという意識がない。これも自己主体感の喪失であると言える。ある研究により，催眠をかけられた状態の健常者ではどのような脳活動が見られるかが調べられた（Blakemore et al., 2003）。すると面白いことに，健常者の脳では当然運動指令は出ているのだが，一方で視覚フィードバックの予測信号がブロックされており，予測誤差が大きくなることがわかった。このためさせられ体験と同じような結果になり，自己主体感がなくなるというのである。

　では，催眠によってなぜ予測信号がブロックされるのだろうか。ある研究によれば，催眠暗示を受けている間の右背外側前頭前野の活性化の強さは，暗示によって誘発された痛みの主観的な強さおよび二次体性感覚野の活性化の強さと相関している（Raij et al., 2009）。つまり右背外側前頭前野は，課題特異的なターゲット領域（この実験では体性感覚野）における機能を暗示によって調節しているらしい。またクロフォードら（Crawford et al., 1993）は，催眠による無痛を経験しているときに両側の前頭前野が賦活されていることを示している。これはおそらく前頭前野の抑制機能に関係しているのだろう。レインヴィル（Rainville et al., 1999）は熱い湯に手を入れたと

144

IV章　自由エネルギー原理による感情・知覚・運動の理解

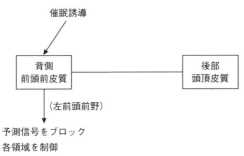

図IV-8　催眠誘導における中央実行ネットワークの働き
出所：乾（2017）

きの手の痛みに伴う感情を強めたり弱めたりする催眠暗示を行い，その際に生じた痛みの強さと痛みの不快感を評定させた。すると，痛みの不快感評定値は知覚された痛みの強さとは独立であった。また，痛み刺激に伴う心拍数増加は，痛みの不快感評価とは有意に相関していたが，痛みの強さとは相関していなかった。これは痛みに伴う感情と自律神経の活動の間に強い相関があることを示している。また，痛みに伴う感情は前帯状皮質の活動変化に対応した。また暗示に関連して，左背外側前頭前野，左右の後部頭頂皮質，および楔前部で活動の上昇が見られた。つまり，催眠誘導時には中央実行ネットワークとよばれるネットワークが働き，これが課題に直接関連する部位の活動を制御しているのではないかと考えられる（図IV-8）。中央実行ネットワークの活動が強ければ強いほど，催眠の効果は強くなることも知られている。能動的推論という観点からすると，このことは催眠誘導によって予測信号や感覚信号の精度の調節が可能であることを示唆している。

　ところで，何か辛いことがあったときに，そのことを繰り返し思い出したり，ずっとそのことばかり考えたりしてしまうことがある。

これは外のことに注意が向いておらず，自分のこころの中に注意が向かっている状態であり，マインドワンダリングとよばれる。このようなマインドワンダリング時の脳活動も調べられていて，さらに瞑想によってマインドワンダリングしているネットワークを「切る」ことができることも明らかになってきた。たとえば，自分の呼吸などに注意を集中して，今ここにいる自己に注意を集中するという訓練を行う集中瞑想がある。瞑想の初心者ではこのような集中瞑想において，前述の中央実行ネットワークを構成する左背外側前頭前野と後部頭頂皮質の活動が認められた。一方で経験者では，これらに加えて二次体性感覚野および感情中枢である島が活動した。これらの活動を持続させることにより，今ここの自分に集中し続けられることが，マインドワンダリングネットワークを切ることにつながるのであろう。

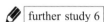

further study 6

> 課題の要求に応じて，注意の切り替え，モニタリング（更新），反応の抑制などの認知制御を行う機能を実行機能という。この実行機能はおもに背外側前頭前野と後部頭頂皮質からなる中央実行ネットワーク（CEN）で作られている。CENは他の部位で行われる情報処理を制御する機能をもち，主に意識的に行われる。催眠は主として言語的に暗示をかけるが，それが無意識的に実行されていることになる。課題を行っていないときに活性化しているネットワークはデフォルトモードネットワーク（DMN）とよばれている。DMNは，さまざまな機能をもっているが，自分のことや他人のことを考えたり思い出したりするときにも活動する。一方，本書で

度々出てきた前帯状皮質や前島は扁桃体などとネットワークを構成しており，顕著性ネットワーク（SN）とよばれている。SN は顕著な信号を検出すると DMN の活動を停止させ，CEN を活性化させる。CEN，DMN，SN は三大ネットワークとよばれている。

知覚，認知と運動の統合

　すでに述べたように，一時的自己は自己主体感，自己所有感，自己存在感からなる。前節で述べたように，自己主体感とは自己の行為（運動）を自分自身が行っているという感覚である。自己主体感は，外受容（視覚）予測信号とフィードバックされる外受容（視覚）信号の予測誤差が小さいときに生じると考えられている。腕の運動制御の研究によれば，こうした予測誤差は後部頭頂皮質で計算されている（Ogawa & Inui, 2007；Ogawa et al., 2006）。また，これとは少し異なる部位の後部頭頂皮質は，運動が自己のものか他者のものかの識別に重要な役割を果たしている（笹岡・乾，2011）。実は，精神疾患などの場合，自己主体感と自己所有感が同時に障害を受けることがよくある。またバーチュアルリアリティの研究からは，自己主体感がもてるような環境を作ることで，同時に高い自己存在感も得られるという多くの報告がある。これらは運動系と内受容系の相互作用を示唆していると考えられる。この相互作用に関わる部位が，感情中枢である前島なのである。このような背景から，セスらは自己主体感を作るネットワークと自己存在感を作るネットワークの相互作用モデルを提案している（Seth et al., 2012）（図Ⅳ-9）。この図では，外受容信号と内受容信号によって内受容感覚の予測がなされている点に注意しよう。このモデルでは自己主体感のモジュールが

147

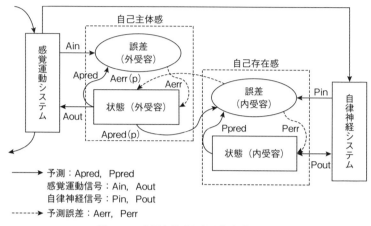

図Ⅳ-9　自己主体感と自己存在感の関係

出所：Seth et al.（2012）

感覚運動予測（Apred）と同時に内受容感覚の予測（Apred (p)）も生成している。つまりこのモデルでは自己主体感モジュールが自己存在感モジュールより高い階層に位置すると仮定されている。これまで自己主体感と自己存在感の障害は共起することや，知覚された自己主体感が自己存在感に影響するなどの知見が得られている。

　ここで，もう一つ内受容感覚と運動の関係についての研究を紹介しよう。ハーバートとポラトスは拒食症（神経性食欲不振症）の患者の内受容感覚を調べ，拒食症の患者では空腹感や満腹感などの特定の内臓知覚だけではなく，これまでにも紹介してきた心拍知覚感度の低下が見られることを示した（Herbert & Pollatos, 2012）。また，拒食症では身体イメージの障害も多数報告されている。そこでカイザーら（Keizer et al., 2013）は，拒食症患者に対して次のような行動実験を行った。さまざまな幅の入り口を準備し，参加者にそこを通り抜けるように求める。健常対象者が無意識的に身体を回転させ

Ⅳ章　自由エネルギー原理による感情・知覚・運動の理解

て通り抜けるようになったのは，肩幅の1.25倍より狭い入り口から
であった。しかし拒食症の患者は，肩幅よりも1.4倍も広い入り口
でも身体を回転させて通り抜けた。これは拒食症において身体の表
象レベルに異常が生じているだけではなく，無意識的な行動にもそ
れが影響していることを示すものである。

　環境と感情

　これまで感情とは何か，感情がどのようなしくみで生じるのかに
ついて述べてきた。しかし喜びや悲しみといった感情は，自己を取
り巻く環境によって生じるものである。そこで，環境と感情の関係
について自由エネルギー原理の立場から考えてみよう。ここでは，
前節まで述べてきた脳内メカニズムは考えずに，自由エネルギーを
環境の不確定度，または環境刺激に対する原因推定の不確定度とと
らえて考えることにする。この考えの下では自由エネルギーが高い
ということは不確定度が高いことを意味する。信念を書き換えたり，
期待する刺激に注意を向けたりすることにより，この自由エネル
ギーを最小化する。能動的推論ではサプライズを最小化するように
行動すると考えられた。したがってここでは，個体はサプライズが
低い状態に対してより接近し，高い状態を回避する傾向が高いと考
える（能動的推論）。この枠組みでは，感情は自由エネルギーの時間
変化によって決まる（Joffily & Coricelli, 2013）。つまり自由エネル
ギーが時間とともに減少する場合にポジティブな感情が生まれ，逆
に増加する場合はネガティブな感情が生まれると考えるのである。
さらに自由エネルギーの減少の仕方までを考慮すると，時刻 t にお
ける自由エネルギー F(t) の時間微分 F′(t) がマイナスであり，か

149

表Ⅳ-1　感情と自由エネルギーのダイナミクス

時刻 t における感情	$F'(t)$	$F''(t)$
幸福	<0	>0
不幸	>0	<0
希望	<0	<0
恐れ	>0	>0
驚き	0	0
安心	-0^a	<0
失望	$+0^b$	>0

a：0 に近い負の値
b：0 に近い正の値

つ 2 次微分 $F''(t)$ がプラスのとき，すなわち，自由エネルギーの減少が時間とともに減速する場合，幸福感が得られることになる。$F'(t)$ と $F''(t)$ の符合の組み合わせによって，表Ⅳ-1 のように 7 つの感情の生起が説明できる。しかし裏を返せば，単に符合の組み合わせだけではこの程度の種類の感情しか説明できないとも言える。より多くの感情を説明可能な理論の構築が待たれる。また，このような推定の不確定性の変化と自律神経反応の関係についても，これからの研究で実験的に検証していかなければならないだろう。

第Ⅳ章のまとめ

　脳は自然界の階層性を反映した形で階層構造を形成し，感覚器に与えられた刺激から，外界の構造や状態を推論している。自由エネルギー原理では，各階層から下の階層の状態の予測信号が出力され，上の階層から当該の階層に予測信号が入力される。そして各階層で予測誤差が計算される。自由エネルギーを最小化することによって，

150

IV章　自由エネルギー原理による感情・知覚・運動の理解

外界の階層的な属性が推論される。このように階層的な構造で推論されるので，低次の推論も高次の認知やメタ認知情報の影響を受ける。低次レベルの内受容感覚の予測も高次のレベルにおける内受容感覚の変化の原因の認知の影響を受けるため，感情の2要因論とよく対応している。一方，自由エネルギー原理によれば，予測信号（信念）を書き換えることによってエネルギーの最小化ができるだけでなく，注意や行動を通して入力自体を変化させることによっても最小化が可能である。前者が知覚の無意識的推論であり，後者が能動的推論である。

　運動は，目標となる姿勢をとったときの自己受容感覚が（精度の高い）予測信号として運動野から出力され，末梢の反射弓を使って目標運動が達成される。このとき，フィードバック信号によって予測信号が修正されないように予測誤差が抑制されなければいけない。あるいは相対的に予測信号の精度がきわめて高くなければならない。一方で，時々刻々の筋肉の状態は体性感覚に送られる。

　まったく同様に，内臓運動の場合，内臓運動皮質の一つである前帯状皮質からは内受容感覚の予測信号が出力され，視床下部からホメオスタシス反射弓に信号が伝わる。そして上記の随意運動と同様，予測誤差が上行して予測信号が修正されないように予測誤差が抑制されているものと考えられている。この抑制は，オキシトシンがGABA による抑制効果を促進することによって達成されている。

　ミラーニューロンでは，運動実行時にはこのような感覚抑制が働くが，行為の観察時には，感覚予測信号が修正されて観察された行為が知覚，認知される。一方，自己受容感覚は観察時にはないかきわめて精度が低いため，予測信号が更新されることはなく運動模倣

151

が起こることはない。

　自己主体感を作るのは主に外受容感覚の予測信号であり，自己存在感を作るのは主として内受容感覚の予測信号である。しかし，自己主体感と自己存在感のネットワークにも相互作用がある。知覚や認知もさまざまな感覚の相互作用によって作り上げられている。

IV章　自由エネルギー原理による感情・知覚・運動の理解

【参考1】自由エネルギーとカルバック・ライブラー情報量

Ⅱ-5.の Further Study 2 で定義式では log を用いていたが，通常は自然対数 $\log_e x (=\ln x)$ を用いる。

$$KL(q(\phi) \| p(\phi | u)) = \int q(\phi) \ln \frac{q(\phi)}{p(\phi | u)} d\phi$$

$p(\phi | u) = p(\phi, u)/p(u)$ を用いて式を変形すると，

$$KL(q(\phi) \| p(\phi | u)) = \int q(\phi) \ln \frac{q(\phi)}{p(u, \phi)} d\phi + \int q(\phi) d\phi \ln p(u)$$

ここで $\int q(\phi) d\phi = 1$ なので

$$KL(q(\phi) \| p(\phi | u)) = \int q(\phi) \ln \frac{q(\phi)}{p(u, \phi)} d\phi + \ln p(u)$$

が得られる。右辺第1項がヘルムホルツの自由エネルギー F と同じ式，第2項は $q(\phi)$ に関係のない項であり，$p(u)$ の（負の）サプライズである。

$$F = \int q(\phi) \ln \frac{q(\phi)}{p(u, \phi)} d\phi$$ を用いて上式を書き換えると

$$KL(q(\phi) \| p(\phi | u)) = F + \ln p(u) \tag{1}$$

とかける。またヘルムホルツの自由エネルギーは

153

$$F = \int q(\phi) \ln \frac{q(\phi)}{p(u, \phi)} d\phi$$

$$= -\int q(\phi) \ln p(u, \phi) d\phi + \int q(\phi) \ln q(\phi) d\phi \qquad (2)$$

$$= (\text{内部エネルギー}) - (\text{エントロピー})$$

つまり，ヘルムホルツの自由エネルギーは，システムの内部エネルギーからエントロピーを引いたものであることがわかる。またこの式は $q(\phi)$ に関する期待値という意味で

$$F = -\langle \ln p(u, \phi) \rangle_q + \langle \ln q(\phi) \rangle_q \qquad (3)$$

と書くこともある。(1)式を変形すると，

$$F = KL(q(\phi) \| p(\phi | u)) - \ln p(u) \qquad (4)$$

と書ける。(4)式の第 1 項だけが ϕ の関数であり，F を最小化することはこの KL を最小化する $q(\phi)$ を求めることである。これがヘルムホルツの無意識的推論の計算論的意味である。さらに(4)式の第 2 項の u 自体を変化させてのサプライズである $-\ln p(u)$ を最小化，することによっても，自由エネルギーを最小化できる。これは感覚のサンプルの仕方を変えて，最も期待できる感覚をサンプルするという意味で，行動や注意によって u 自体を変えることに対応する。これが能動的推論である。

【参考2】 予測信号の更新式

予測誤差の更新量を Δ 予測信号とするとそれは，

Δ予測信号～精度・PE

と書ける。PE は予測誤差の大きさである。具体的には，予測信号
は事前確率に，感覚信号は条件付き確率に対応するので，事前確率
の平均値を $\mu_{事前}$ とする。またそれぞれの精度を $\pi_{事前}$，$\pi_{条件付き}$ と
する。さらに事後確率の平均値を $\mu_{事後}$ とする。事後確率の平均値
を精度で重みづけられた予測誤差で更新するので，

$$\mu_{事後}＝\mu_{事前}＋\frac{\pi_{条件付き}}{\pi_{条件付き}＋\pi_{事前}} \cdot PE$$

と書くことができる。この式の意味は，「感覚信号の精度がきわめ
て悪ければ（$\pi_{条件付き}$が小さければ），予測信号は更新されない。ま
た，予測信号の精度が高い（$\pi_{事前}$が大きい）場合も予測信号は更新
されない。」ということがある。

　一方，予測信号の精度が低い場合は，予測誤差 PE の重みが，1
に近くなるので，予測信号が感覚信号によって大きく影響されるこ
とがわかる。本章で統合失調症のさせられ体験が予測信号のブロッ
クによって生じることを説明した。一般に統合失調症は予測信号が
弱いので，外受容感覚に重きを置いて知覚する（たとえば，Synof-
zik et al., 2010）。この現象は，予測信号の精度が低い場合，感覚信
号への依存度が高くなるので自然に説明することができる。さらに，
自閉症では予測信号が弱いという意味で「低事前確率（hypo-pri-
or）」とよばれ，なぜ感覚に忠実な知覚になるのかといったことな
どが説明されている（Pellicano & Burr, 2012）。

付録

ヘルムホルツ小史

業績概要

　ヘルマン・フォン・ヘルムホルツ（Hermann von Helmholtz）は1821年に生まれ，73歳まで数々の輝かしい研究成果を出してきた（表付‐1）。1847年にエネルギー保存則の論文を出版し，1850年には神経の伝導速度の測定を行っている。この時点まで，神経信号の伝導速度は光の速さくらい速いものであると考えられてきたが，ヘルムホルツは実際に信号の伝導速度を測定することに成功している。最初に測定したときは，現在知られている速度よりもやや遅かったが，改良を重ね，ほぼ現在の伝導速度に近い値を出した。

　1851年にはオフサルモスコープ（検眼鏡とよばれているもので，瞳孔から光を入れて眼底を観察する器具）の開発に成功した。身体の内部を見るという最初の技術であり，現在の内視鏡手術などにつながるものであり，これによって眼科の進歩がもたらされた。また，オフサルモメータ（角膜表面の曲率半径や乱視の度合いを測定できるもの）も同じ年に開発された。1856年，60年，66年には『生理光学ハンドブック』全3巻を刊行し，これらは，その後の視覚心理学や視覚生理学に大きな影響を与えた。また1858年には「ヤング‐ヘルムホルツの理論」として知られる色覚に関する理論，いわゆる三原色説を提唱している。これは神経符号化のいわゆるポピュレーションコーディングの最初の理論である。その後，聴覚の研究を行い，音の周波数を蝸牛の基底膜の場所によって符号化しているという画期的な理論を提案し，その後音楽理論も発表している。

　ヘルムホルツによって1856年から順次，『生理光学ハンドブック』が刊行されたが，そのころ日本では幕末であり，この時代に後述する卓越した研究がなされていたことは実に驚異的である。

158

付録　ヘルムホルツ小史

表付 - 1　ヘルムホルツ（1821-1894）の業績

1847年	エネルギー保存則の論文を刊行
1850年	神経伝導速度の測定
1851年	オフサルモスコープ，オフサルモメータの発明
1856年，1860年，1866年	『生理光学ハンドブック』の刊行
	（第1巻：生理光学，第2巻：視覚の生理学，第3巻：視知覚）
1858年	ヤング - ヘルムホルツの理論
1861年	生理学的基礎としての音感覚についての音楽理論を発表
1867年	『生理光学ハンドブック』の3巻が統合される

ヘルムホルツの思想と人となり

　ヘルムホルツは，「自然科学と哲学，とくにカント哲学とは今日こそいっそう協同せねばならない」，「生理学でもデュ・ボア・レーモンらとともに生命力といったきわめてあいまいな概念を排して，精密な数理的法則を求めていくべきだ」という研究に対する考えをもっていた（菅井，1961）。

　一方で，数多くの輝かしい成果を出した天才であり公的な大きなレクチャーに関してはしっかり準備をしていたにもかかわらず，彼の学生に対する講義は十分に準備されたものではなく，しばしばもたついた講義であった（Wade, 1994）。「ヘルムホルツはきちんと準備せずにやってきて，いつもつまりながらしゃべり，小さなメモ帳に書いてあるデータを探したり，絶えず黒板で計算したりで，彼自身もわれわれと同じようにこの講義に退屈しているのだ，と思わざるを得ませんでした。その結果，聴講者はつぎつぎに出てゆき，しまいには私とのちの天文学者ルドルフ・レーマンニフィレスという友人の二人だけになってしまいました」とマックス・プランクは記している（Planck, 1958；Hermann, 1973）。

　また，ヘルムホルツは大勢の人が集まって歓談しているパー

159

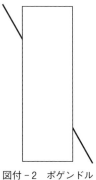

図付-1 ライマー書店より刊行されたエネルギー保存則の論文

図付-2 ポゲンドルフの錯視

ティーのときでも隅の方で静かに座って瞑想しているような人だったようで,哲学者の井上哲次郎先生はベルリンの晩餐会で,「あの隅に座っている人は誰か」と聞くと,「あれが有名な物理学者のヘルムホルツ先生だ」と教えてもらったそうである(井上,1991)。

エネルギー保存則

　ヘルムホルツの最初の輝かしい成果は「エネルギー保存則」である。それは本書で紹介したさまざまな理論の根底にある法則なのである。この論文は権威ある雑誌(*Annals of Physics & Chemistry*)に不採録となったため,1847年,私的にライマー書店より刊行された(Wade, 1994)(図付-1)。この権威ある学術誌は,ポゲンドルフという有名な物理学者が52年間も編集者をしていたそうである。ポゲンドルフは,心理学では「ポゲンドルフ錯視」(図付-2)でよく知られているが,本来の物理学の仕事では「ガルバノメータ」関連の研究で有名である。

付録　ヘルムホルツ小史

　この論文に関して，「力の保存についての物理学的論述」という
日本語訳がある（湯川秀樹先生と井上健先生の本の中で，高林武彦先
生が訳された）。ベルリン物理学会の会合で講演した内容をライマー
書店から出版したと書かれており，タイトルは「エネルギー」保存
ではなく，クラフトという単語で「力」の保存となっている。「力」
と「張力」（今日の用語では運動エネルギーとポテンシャルエネルギー）
の和が運動の経過を通じて一定であることが証明された。実はこの
当時はエネルギーという言葉が浸透しておらず，いわゆる運動エネ
ルギーは「活力」，そしてポテンシャルエネルギーは潜在的な力と
いう意味で「潜力」とよばれていたらしい。そのためこの論文も，
直訳すると「力の保存則」というタイトルがつけられている。

　1847年の「力の保存についての物理的論述」は，医学を修め軍医
として勤務していたヘルムホルツの物理学者への変身を告げるもの
であった。またヘルムホルツは感覚と知覚を区別して知覚が感覚の
原因である事象を推理することで初めて得られるものであると考え
た。またあらゆる知識の形成に先立ってその働きを規制する根本に
因果律があると考えた。そのような立場から数学及び自然科学とり
わけ物理学の基礎付けを行い，ヘルムホルツは時間的に普遍な力
（エネルギー）を考え，自然現象はこういう力をもつ物質の運動とし
て把握すべきであるということを力説している。

『生理光学ハンドブック』の刊行

　1860年に，ヘルムホルツは『生理光学ハンドブック』（*Handbuch
der Physiologischen Optik*）（図付 - 3）の第 2 巻でその後ヤング－ヘ
ルムホルツの理論として知られるようになった仮説を提唱した。色

161

図付-3 『生理光学ハンドブック』の表紙

覚に関する実験データやヤングの理論もあったが、ヘルムホルツはここで情報表現の問題を扱った。彼は3つの、今でいう錐体に対応する波長の吸収特性の異なるチャンネルを仮定した。3つの独立したチャンネルがあるのではなく、純粋に赤い光の場合には赤に対して感度のよいチャンネルが強く活動し、他の2つはほとんど活性化しない。しかし黄色の光には赤に感度のよいチャンネルと緑に感度のよいチャンネルがほぼ同等に活動し、紫に感度のよいチャンネルはほとんど活動しないというような組み合わせによって、その情報が表現されているという独自の考えを提唱したのである。これは、現在神経の符号化法として広く知られているポピュレーションコーディングの基礎になる考えを初めて提唱したものと言えるのである（図付-4）。

予測誤差の起源

1867年、ヘルムホルツは「目を動かしても世界はなぜ止まって見えるのか」という疑問を抱いた。当時ヘルムホルツのアシスタントであったヴント（ライプチヒ大学に世界で初めて実験心理学の研究室を開設した）は、ヘルムホルツ同様、運動指令信号のコロラリ放電の重要性を強調した。さらに、ヘルムホルツの『生理光学ハンドブック』の第3巻には、ヘルムホルツ自身が眼筋を麻痺させて眼を動かそうとすると止まって見えるはずの世界像が見かけ上動いて見えるということを報告している。かつ、眼球を受動的に動かした場

付録　ヘルムホルツ小史

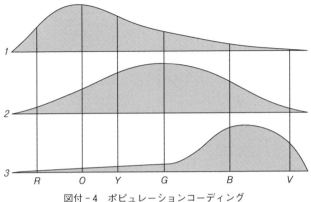

図付-4　ポピュレーションコーディング

注：1は赤に最も感度が高い細胞であり，2は緑に最も感度が高い細胞である。
3は，現在では青錐体とよばれるものであるがヘルムホルツは紫に感度が高い細胞と記載している。
出所：Helmholtz（1860）

合には視野全体が動いて見えるので，意志というものの力によってこの安定性が作られているということまで，ヘルムホルツは述べている。

その後，神経振動子の研究で有名なフォン・ホルストによって，2つの基本的な原理が提案された。一つは絶対的協調の状態とよばれ，安定したリズムを維持する神経振動子の傾向があり，もう一つは引き込み現象があるということで，マグネットエフェクトとよばれる（von Holst & Mittelstaedt, 1950）。この論文の中で，実際に詳しく視野の安定性を議論している。まず入力刺激は自己が生成した再求心性（reafferent）入力と外的に発生する外求心性（exafferent）入力に分離することが可能であり，これが，再求心性入力原理である。たとえば，眼を動かした結果生じる網膜像の変化は，再求心性入力である。一方，眼前の虫の動きは外求心性入力である。前者の

再求心性入力は，眼球運動の制御信号から予測可能だということである。つまりトップダウン的な予測によって末梢からくる求心性信号をキャンセルできれば（抑制できれば），それは再求心性信号である。つまり再求心性信号を抑制することができれば網膜像の動きはなくなり，視野の安定性が得られているということである。この論文はマーティンによって英語訳が出版されている（von Holst, 1973）。この考え方は本書で紹介してきた予測と予測誤差の考え方に発展し，それがフリストンの自由エネルギー原理という統一理論が作られる基礎になっている。

帰納的推論の重要性

　ヘルムホルツは1862年のハイデルベルク大学で行われた記念講演「自然科学の科学全体に対する関係について」で，帰納的推論の重要性を深く論じている。すでに述べたように帰納的推論をするためには，事前確率と条件付き確率（尤度）の知識が必要である。実際，高度な認知課題における帰納的推論がどのように脳内でなされているのかということは，まだ明らかではない。たとえば，他者の行動から他者の考えている行動の目標などを推論することも，われわれはいとも簡単にできる。しかし実際にある行動を見たときに，事前確率や条件付き確率といった知識を直ちに引き出してきて，本書で述べたような自由エネルギーを最小化することをしなければならない。このためには，解くべき問題に必要な記憶情報を直ちに引き出し読み出してくる機構が必要である。

　ヘルムホルツは講演の中で次のように語っている。「それにはまた本質的に類似しているものをあらゆる場合にすぐに見つけ出す能

164

付録　ヘルムホルツ小史

力がなければならないし，また人間の心の動きに対して，鋭く豊か
に洗練された直観力をもたねばならない。ところでこの直観力もま
たある種のあたたかい感情と，他人の精神状態に対するある種の熱
心な興味がなければ，到底得られないであろう」。

　さらに，ヘルムホルツは「今までに観察された1人の人の行動と
類似の場合に，類似の行動をした他の人々の行動とを比較して，将
来の行動の結果に対して結論を下すのである」と述べている。そし
て彼は心理学における帰納的推論の重要性を説く。「この種の帰納
法は，人間生活においてきわめて広汎な役割を演じている。われわ
れの感官知覚の構成全体は，そのような帰納法に基づいている。
（中略）これと同種の帰納法は実際に心理的諸現象に対して主要な
役割を演じている」。

付記　本節のヘルムホルツの言葉は，以下の文献より引用したものである。
　　　三好助三郎（訳）「自然科学の科学全体に対する関係について」世界の大思想全
　　　集 社会・宗教・科学思想篇 34. 河出書房新社, pp. 28-46.

165

point のまとめ

- **point 1** 感情は，2次元で表現できる。
- **point 2** 情動は生理的反応，感情はそれに伴う主観的意識体験。
- **point 3** 自律神経は，自動的に内臓をコントロールする運動神経である。
- **point 4** 自律神経の信号によって内臓の運動制御や行動を引き起こす。
- **point 5** 内臓の変化を中枢にフィードバックするのも自律神経の役割である。
- **point 6** 感情は自律神経反応と推定された原因によって決まる。
- **point 7** 前島によって身体をもつ自己を意識することができる。
- **point 8** 眼窩前頭皮質で価値付けられた対象の認知が可能となる。
- **point 9** 大脳基底核ループにより，報酬予測誤差や魅力度などの評価を行い，文脈に応じた適切な行動を決定し実行することができる。
- **point 10** ドーパミン（神経修飾物質）によって学習が促進される。
- **point 11** 私たちが見ている世界は，脳が網膜像から推論した結果である。
- **point 12** 網膜像からの外界の構造や状態の推定は，予測誤差最小化で実現できる。
- **point 13** 運動するときは，自動的にその結果を予測している。
- **point 14** 情動信号の予測信号が感情を決める重要な要因となる。
- **point 15** 一時的自己は，自己主体感，自己所有感，自己存在感から構成される。
- **point 16** 人間は，ベイズサプライズが大きいところに注意を払う。
- **point 17** 事後確率（＝事前確率と条件付き確率の積に比例）を最大化する，つまり最もよく起こると思われる原因を探す。

point 18 注意を向けることは，感覚信号や内受容信号の精度を高めることである。

point 19 INF-αにより側坐核のドーパミン低下と活動低下がみられる。これは，快感消失，抑うつ，疲労と相関する。

point 20 島において疲労を感じ，前帯状皮質でモチベーションの低下が起こる。

point 21 うつ病の本質は「炎症」である。

point 22 うつ病は前帯状皮質膝下部（sgACC）の活動がマーカーとなる。

point 23 ドーパミン反応は，線条体と腹内側前頭前野ではモチベーションを上げ，島ではモチベーションを下げる。

point 24 前島は内受容信号と予測信号の比較器である。

point 25 GABA はオキシトシンによって胎児期の興奮性から生後抑制性に変わる。

point 26 オキシトシンによる抑制によって，接近行動が促進される。

point 27 不確実さ・共変動バイアス・不耐性は，島と前帯状皮質の活動と関係している。

point 28 アイオワギャンブル課題では，山の良し悪しは意識的にわからないが，悪い山を引く直前には末梢の自律神経反応が見られる。

point 29 さまざまな原因（色・照明光・物体形状など）で生成された網膜像からそれが生成された原因を推定することが視覚の機能である。

point 30 脳の階層構造は外界の情報の階層構造を反映し，多くの属性が同時並行的に解かれる。

point 31 知覚と認知の境界はない。すべてが切れ目なく互いに相互作用している。

point 32 運動野から筋肉に伝えられるのは運動指令信号ではなく，目標となる姿勢の自己受容感覚である。

point 33 脳内では，知覚と運動は区別できない。

point 34 能動的推論では，予期したものに注意を向けたり接近したりすることにより自由エネルギーを減少させる。

further study のまとめ

further study 1

確率 p で起こる事象が実際に起こったことを知らせる情報
に含まれる情報量は $-\log_2 p$ （bit）と定義されている。
当然，確率 p が小さい場合，つまりめったに起こらないと
思われていた事象が実際に生じたときに得られる情報量は大
きい。このような理由で $-\log p$ をシャノンのサプライズと
言う。ほとんど起こらないと思っていたことが実際に起こっ
たときには大きなシャノンのサプライズになる。

further study 2

事前分布を $p(x)$，事後分布を $q(x)$ とすると，カルバッ
ク・ライブラー情報量 KL は次のように表すことができる。

$$KL(q(x)\|p(x)) = \int q(x) \cdot \log \frac{q(x)}{p(x)} dx$$

事前分布と事後分布が同じ，つまり変化がないときは 0 にな
ることがわかるだろう。

further study 3

ストレスがかかると，ストレスホルモンであるコルチゾール
が分泌されるが，負のフィードバック機構によって，しばら
くするとコルチゾールの分泌が抑制される。しかし，うつ病
の場合この負のフィードバック系がうまく働かず，コルチ
ゾールの分泌が抑制されない。これによって，より多くの代
謝エネルギーを予測し，ホメオスタシスが維持できず，炎症

誘発状態に陥ると考えられる。インターフェロンαの長期投与で大うつ病的様相を呈することはすでに述べた。さらに以下のようなさまざまな疾患とうつ病が共起することの原因として炎症性サイトカインの働きが注目されているのである。たとえば，アルツハイマー病やパーキンソン病などの神経変性疾患，過敏性腸障害（IBS）などの胃腸障害，多発性硬化症などの自己免疫不全，HIVなどの感染性障害である。2010年にscienceが発表した10大研究成果の中に「炎症」と「マイクロバイオーム（体内の微生物の集合体という意味）」が選ばれていることからもわかるように現在，内臓と脳の働きの関係の研究が注目され，急速に進歩しつつある。

 further study 4

$p(\phi|u)$は，データuが与えられたとき，ϕが起こったと言える確率である。「起こったと言える」なので，推論だということがわかるだろう。たとえば，uを窓ガラスが割れていたという事象とすると，ϕには泥棒が入ったという事象，地震が起こったという事象，野球ボールが当たったという事象などが考えられる。このとき事後確率は，泥棒が入ったと言える確率，地震が起こったと言える確率，野球ボールが当たったと言える確率となる。推測確率である。また，ϕはuが生じた（見えない）原因であり，隠れ原因（hidden cause）と言う。
最大事後確率推定の場合は，ベイズの反転公式の分母が共通なので，分母がわからなくてもともかく分子が最大になる事象をさがしてそれが原因だと言えばよい。ところが事後確率そのものを計算するためには分母の値も必要なのである。これをいかに解くかが問題で，多くの研究がなされてきた。

further study のまとめ

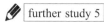 further study 5

運動サーボ機構

筋肉の収縮は，脊髄にあるα運動ニューロンとγ運動ニューロンによって制御されている。α運動ニューロンは入力に応じて筋肉に信号を送り収縮させる。筋肉には筋紡錘とよばれる自己受容器があり，筋肉が伸びるとそれを感知して反応する。γ運動ニューロンの活動によって，筋肉が収縮しても筋紡錘が緩まないように筋紡錘も収縮させることで，感度を一定に保っている。筋肉が伸張すると筋紡錘が働き，その情報をα運動ニューロンにフィードバックすることにより，筋肉を収縮させて長さを一定に保つように制御されている。このしくみによって，筋肉は引き伸ばされると収縮する。これが伸張反射とよばれるものである。伸張反射は姿勢制御にとって重要である。自由エネルギー原理に従うと，自己受容感覚の予測信号がこのα運動ニューロンに入力され，サーボ機構が働くことによって，筋肉が期待される長さに調節される。自由エネルギー原理では，α運動ニューロンは自己受容感覚の予測誤差を伝達し，γ運動ニューロンによって予測誤差の精度が決められる。

further study 6

課題の要求に応じて，注意の切り替え，モニタリング（更新），反応の抑制などの認知制御を行う機能を実行機能という。この実行機能はおもに背外側前頭前野と後部頭頂皮質からなる中央実行ネットワーク（CEN）で作られている。CEN は他の部位で行われる情報処理を制御する機能をもち，主に意識的に行われる。催眠は主として言語的に暗示をかけるが，それが無意識的に実行されていることになる。課題を

173

行っていないときに活性化しているネットワークはデフォル
トモードネットワーク（DMN）とよばれている。DMN は,
さまざまな機能をもっているが, 自分のことや他人のことを
考えたり思い出したりするときにも活動する。一方, 本書で
度々出てきた前帯状皮質や前島は扁桃体などとネットワーク
を構成しており, 顕著性ネットワーク（SN）とよばれてい
る。SN は顕著な信号を検出すると DMN の活動を停止さ
せ, CEN を活性化させる。CEN, DMN, SN は三大ネッ
トワークとよばれている。

文　献

Adolphs, R., Tranel, D., & Damasio, A. R. (1998) The human amygdala in social judgment. *Nature*, **393**, 470-474.

Amaral, D. G., & Price, J. L. (1984) Amygdalo-cortical projections in the monkey (Macaca fascicularis). *The Journal of Comparative Neurology*, **230**, 465-496. doi : 10. 1002/cne. 902300402.

Amaral, D. G., Price, J. L., Pitkänen, A., & Carmichael, S. T. (1992) "Anatomical organization of the primate amygdaloid complex," in J. P. Aggleton (Ed). *The Amygdala : Neurobiological Aspects of Emotion, Memory and Mental Dysfunction*, 1-66, New York : Wiley-Liss.

American Psychiatric Association. (2013). *Diagnostic and Statistical Manual of Mental Disorders : 5th Ed.* Arlington : American Psychiatric Association.

Assaf, M., Jagannathan, K., Calhoun, V. D., Miller, L., Stevens, M. C., Sahl, R., O'Boyle, J. G., Schultz, R. T., & Pearlson G. D. (2010) Abnormal functional connectivity of default mode sub-networks in autism spectrum disorder patients. *Neuroimage*, **53**, 247-256.

Avery, J. A., Drevets, W. C., Moseman, S. E., Bodurka, J., Barcalow, J. C., & Simmons, W. K. (2014) Major depressive disorder is associated with abnormal interoceptive activity and functional connectivity in the insula. *Biological Psychology*, **76**, 258-266.

Banks, S. J., Eddy, K. T., Angstadt, M., Nathan, P. J., & Phan, K. L. (2007) Amygdala-frontal connectivity during emotion regulation. *Social Cognitive and Affective Neuroscience*, **2**, 303-312.

Barrett, L. F., Gross, J., Christensen, T. C., & Benvenuto, M. (2001) Knowing what you're feeling and knowing what to do about it : mapping the relation between emotion differentiation and emotion regulation. *Cognition and Emotion*, **15**, 713-724.

Barrett, L. F., & Simmons, W. K. (2015) Interoceptive predictions in the brain. *Nature Reviews Neuroscience*, **16**, 419–429.

Barrett, L. F., Quigley, K. S., & Hamilton, P. (2016) An active inference theory of allostasis and interoception in depression. *Philosophical transactions of the Royal Society of London. Series B, Biological sciences*, **371**. doi: 10. 1098/rstb. 2016. 0011.

Barrow, H. G., & Tenenbaum, J. M. (1981) Interpreting line drawings as three-dimensional surfaces. *Artificial Intelligence*, **17**, 75–116.

Bartra, O., McGuire, J. T., & Kable, J. W. (2013) The valuation system: a coordinate-based meta-analysis of BOLD fMRI experiments examining neural correlates of subjective value. *NeuroImage*, **76**, 412–427.

Baur, V., Hänggi, J., Langer, N., & Jäncke, L. (2013) Resting-state functional and structural connectivity within an insula-amygdala route specifically index state and trait anxiety. *Biological Psychiatry*, **73**, 85–92.

Bear, M. F., & Singer, W. (1986) Modulation of visual cortical plasticity by acetylcholine and noradrenaline. *Nature*, **320**, 172–176. doi: 10. 1038/320172a0.

Bechara, A., Damasio, H., Tranel, D., & Damasio, A. R. (1997) Deciding advantageously before knowing the advantageous strategy. *Science*, **275**, 1293–1295.

Berkes, P., Orbán, G., Lengyel, M., & Fiser, J. (2011) Spontaneous cortical activity reveals hallmarks of an optimal internal model of the environment. *Science*, **331**, 83–87.

Blakemore, S. J., Oakley, D. A., & Frith, C. D. (2003) Delusions of alien control in the normal brain. *Neuropsychologia*, **41**, 1058–1067.

Brewer, R., Cook, R., & Bird, G. (2016) Alexithymia: a general deficit of interoception. *Royal Society Open Science*, **3**, 1–9.

Brodmann, K. (1905) Beiträge zur histologischen lokalisation der grosshirnrinde. *Journal für Psychologie und Neurologie*, Band IV, Heft 5/6, 177–226.

文　献

Brodmann, K. (1908) Beiträge zur histologischen lokalisation der Großhirn-rinde. *Journal für Psychologie und Neurologie*, **10**(6), 231-246.

Cahill, L., & McGaugh, J. L. (1998) Mechanisms of emotional arousal and lasting declarative memory. *Trends in Neurosciences*. **21**, 294-299.

Capuron, L., Pagnoni, G., Drake, D. F., Woolwine, B. J., Spivey, J. R., Crowe, R. J., Votaw, J. R., Goodman, M. M., & Miller, A. H. (2012) Dopaminer-gic mechanisms of reduced basal ganglia responses to hedonic reward during interferon alfa administration. *Archives of General Psychiatry*, **69**, 1044-1053.

Carr, L., Iacoboni, M., Dubeau, M. C., Mazziotta, J. C., & Lenzi, G. L. (2003) Neural mechanisms of empathy in humans : A relay from neural sys-tems for imitation to limbic areas. *Processing of the National Academy of Sciences*, **100**(9), 5497-5502.

Cooper, L. M., & Bear, M. F. (2012) The BCM theory of synapse modificati-on at 30 : interaction of theory with experiment. *Nature Reviews*, **13**, 798-810.

Craig, A. D. (2009a) Emotional moments across time : a possible neural ba-sis for time perception in the anterior insula. *Philosophical Transac-tions of the Royal Society of London. Series B, Biological sciences*, **364**, 1933-1942.

Craig, A. D. (2009b) How do you feel−now? The anterior insula and hu-man awareness. *Nature Reviews Neuroscience*, **10**, 59-70.

Crawford, H. J., Gur, R. C., Skolnick, B., Gur, R. E., & Benson, D. M. (1993) Effects of hypnosis on regional cerebral blood flow during ischemic pain with and without suggested hypnotic analgesia. *International Journal of Psychophysiology*, **15**, 181-195.

Critchley, H. D., Eccles, J., & Garfinkel, S. N. (2013a) Interaction between cognition, emotion, and the autonomic nervous system. *Handbook of Clinical Neurology*, **117**, 59-77.

Critchley, H. D. & Harrison, N. A. (2013) Visceral influences on brain and behavior. *Neuron*, **77**, 624-638.

Critchley, H. D., Mathias, C. J., & Dolan, R. J. (2002) Fear conditioning in humans : the influence of awareness and autonomic arousal on functional neuroanatomy. *Neuron*, **33**, 653-663.

Critchley, H. D., Wiens, S., Rotshtein, P., Öhman, A., & Dolan, R. J. (2004) Neural systems supporting interoceptive awareness. *Nature Neuroscience*, **7**, 189-195.

Critchley, H., & Seth, A. (2012) Will studies of macaque insula reveal the neural mechanisms of self-awareness? *Neuron*, **74**, 423-426.

Damasio, A. R. (1994) *Descartes' Error : Emotion, Reason and the Human Brain*. New York : Avon Books.（ダマシオ，A. R. 田中三彦（訳）(2000) 生存する脳——心と脳と身体の神秘. 講談社.）

Damasio, A. R. (2003) *Looking for Spinoza : Joy, Sorrow, and the Feeling Brain*. London : William Heinemann.（ダマシオ，A. R. 田中三彦（訳）(2005) 感じる脳——情動と感情の脳科学よみがえるスピノザ. 講談社.）

Damasio, A. R. (1996) The somatic marker hypothesis and the possible functions of the prefrontal cortex. Philosophical Transactions of the Royal Society of London. Series B, *Biological Sciences*, **351**, 1413-1420.

Damasio, A. R. (1999) *The Feeling of What Happens : Body and Emotion in the Making of Consciousness*. New York : Harcourt Inc.（ダマシオ，A. R. 田中三彦（訳）(2003) 無意識の脳 自己意識の脳——身体の情動と感情の神秘. 講談社.）

Damasio, A. R., Grabowski, T. J., Bechara, A., Damasio, H., Ponto, L. L. B., Parvizi, J., & Hichwa, R. D. (2000) Subcortical and cortical brain activity during the feeling of self-generated emotions. *Nature Neuroscience*, **3**, 1049-1056.

Damasio, A. R., & Carvalho, G. B. (2013) The nature of feelings : evolutionary and neurobiological origins. *Nature Reviews Neuroscience*, **142**, 143-152.

Dantzer, R., Heijnen, C. J., Kavelaars, A., Laye, S., & Capuron, L. (2014) The neuroimmune basis of fatigue. *Trends in Neurosciences*, **37**, 39-46.

Devensky, O., & D'Esposito, M. (2004) Neurology of cognitive and behavio-

文　献

ral disorders. New York : Oxford University Press.

Di Pellegrino, G., Fadiga, L., Fogassi, L., Gallese, V., & Rizzolatti, G. (1992) Understading motor events : a neurophysioligical study. *Experimental Brain Reseach*, **91**, 176-180.

Dranias, M. R., Grossberg, S., & Bullock, D. (2008) Dopaminergic and non-dopaminergic value systems in conditioning and outcome-specific revaluation. *Brain Research*, **1238**, 239-287.

Dunn, B. D., Galton, H. C., Morgan, R., Evans, D., Oliver, C., Meyer, M., Cusack, R., Lawrence, A. D., & Dalgleish, T. (2010) Listening to your heart. How interoception shapes emotion experience and intuitive decision making. *Psychological Science*, **21**, 1835-1844.

Dutton, D. G., & Aron, A. P. (1974) Some evidence for heightened sexual attraction under conditions of high anxiety. *Journal of Personality and Social Psychology*, **30**, 510-517.

Ekman, P., Levenson, R. W., & Friesen, W. V. (1983) Autonomic nervous system activity distinguishes among emotions. *Science*, **221**, 1208-1210.

Etkin, A., & Wager, T. D. (2007) Functional neuroimaging of anxiety : a meta-analysis of emotional processing in PTSD, social anxiety disorder, and specific phobia. *The American journal of psychiatry*, **164**, 1476-1488.

Feder, A., Nestler, E. J., & Charney, D. S. (2009) Psychobiology and molecular genetics of resilience. *Nature Reviews Neuroscience*, **10**, 446-457.

Fagiolini, M., & Hensch, T. K. (2000) Inhibitory threshold for critical-period activation in primary visual cortex. *Nature*, **404**, 183-186.

Feldman, H., & Friston, K. J. (2010) Attention, uncertainty, and free-energy. *Frontiers in Human Neuroscience*, **4**, 1-23.

Fredrickson, B. L., & Branigan, C. (2005) Positive emotions broaden the scope of attention and thought-action repertoires. *Cognition & Emotion*, **19**, 313-332.

Friston, K. (2005) A theory of cortical responses. Philosophical Transaction B. *Biological Sciences*, **360**, 815-836.

Friston, K. (2010) The free-energy principle : a unified brain theory? *Nature Review Neuroscience*, **11**, 127-138.

Friston, K., Mattout, J., & Kilner, J. (2011) Action understanding and active inference. *Biological Cybertics*, **104**, 137-160.

Frith, C. D., Blakemore, S. J., & Wolpert, D. M. (2000) Abnormalities in the awareness and control of action. Philosophical Transactions. *Biological Sciences*, **355**, 1404, 1771-1788.

Gaigg, S. B., Cornell, A., & Bird, G. (2018) The psychophysiological mechanisms of alexithymia in autism spectrum disorder. Autism **22**, 227-231.

Gallagher, S. (2000) Philosophical conceptions of the self : implications for cognitive science. *Trends in Cognitive Sciences*, **4**(1), 14-21.

Garfinkel, S. N., Minati, L., Gray, M. A., Seth, A. K., Dolan, R. J., & Critchley, H. D. (2014) Fear from the heart : sensitivity to fear stimuli depends on individual heartbeats. *The Journal of Neuroscience*, **34**, 6573-6582.

Garfinkel, S. N., Tiley, C., O'Keeffe, S., Harrison, N. A., Seth, A. K., & Critchley, H. D. (2016) Discrepancies between dimensions of interoception in autism : Implications for emotion and anxiety. *Biological Psychology*, **114**, 117-126.

Goodkind, M., Eickhoff, S. B., Oathes, D. J., Jiang, Y., Chang, A., Jones-Hagata, L. B., Ortega. B. N., Zaiko, Y. V., Roach, E. L., Korgaonkar, M. S., Grieve, S. M., Galatzer-Levy, I., Fox, P. T., & Etkin, A. (2015) Identification of a common neurobiological substrate for mental illness. *JAMA Psychiatry*, **72**, 305-315.

Grabenhorst, F., & Rolls, E. T. (2011) Value, pleasure and choice in the ventral prefrontal cortex. *Trends in Cognitive Sciences*, **15**, 56-67.

Gray, M. A., Beacher, F. D., Minati, L., Nagai, Y., Kemp, A. H., Harrison, N. A., & Critchley, H. D. (2012) Emotional appraisal is influenced by cardiac afferent information. *Emotion*, **12**, 180-191.

Gray, M. A., Harrison, N. A., Wiens, S., & Critchley, H. D. (2007) Modulation of emotional appraisal by physiological feedback during fMRI. *PLoS ONE*, **2**, e546.

文　献

Graziano, M. (2006) The organization of behavioral repertoire in motor contex. *Annual Review of Neuroscience*, **29**, 105-134.

Grèzes, J., Wicker, B., Berthoz, S., & de Gelder, B. (2009) A failure to grasp the affective meaning of actions in autism spectrum disorder subjects. *Neuropsychologia*, **47**, 1816-1825. doi : 10. 1016/j. neuropsychologia. 2009. 02. 021.

Gu, X., & FitzGerald, T. H. (2014) Interoceptive inference : homeostasis and decision-making. *Trends in Cognitive Sciences*, **18**, 269-270.

Gu, X., Hof, P. R., Friston, K. J., & Fan, J. (2013) Anterior insular cortex and emotional awareness. *The Journal of Comparative Neurology*, **521**, 3371-3388.

Harrison, N. A., Brydon, L., Walker, C., Gray, M. A., Steptoe, A., & Critchley, H. D. (2009a) Inflammation causes mood changes through alterations in subgenual cingulate activity and mesolimbic connectivity. *Biological Psychiatry*, **66**, 407-414.

Harrison, N. A., Brydon, L., Walker, C., Gray, M. A., Steptoe, A., Dolan, R. J., & Critchley, H. D. (2009b) Neural origins of human sickness in interoceptive responses to inflammation. *Biological Psychiatry*, **66**, 415-422.

Harrison, N. A., Gray, M. A., Gianaros, P. J., & Critchley, H. D. (2010) The embodiment of emotional feelings in the brain. *The Journal of Neuroscience*, **30**, 12878-12884.

Harrison, N. A., Voon, V., Cercignani, M., Cooper, E. A., Pessiglione, M., & Critchley, H. D. (2016) A Neurocomputational account of how inflammation enhances sensitivity to punishments versus rewards. *Biological Psychiatry*, **80**, 73-81.

Helmholtz, H. von (1860) *Handbuch der physiologischen optik, Part II.* Leipzig und Hamburg ; L. Vos.

Helmholtz, H. von (1867) *The Direction of Vision. In Handbuch der Physiologischen Optik, Part III.* Leipzig und Hamburg ; L. Vos, 242-281.

Helmholtz, H. von (1894) Dber den Ursprung der richtigen Deutung unserer Sinneseindrucke. *Zeitscrift für Psychologie und Physiologie der Sin-*

nesorgane, **7**, 81-96. Translated by Warren, R. M., & Warren, R. P. (1968) The origin of the correct interpretation of our sensory impressions. *Helmholtz on perception; its physiology and development*, John Wiley & Sons, pp. 240-264.

Helmholtz, H. von (1909) Popular lectures on scientific subjects. Translated by Atkinson, E. London: Longmans Green.

Helmholtz, H. von (1916) Beschreibung eines augenspiegels. Translated by Shastid, T. H. The description of an ophthalmoscope. Chicago: CLEVELAND PRESS.

Helmholtz, H. von (1924) Southall, J. C. (Eds.) Helmholtz's Treatise on Physiological Optics Volume I. The Optical Society of America.

Helmholtz, H. von (1924) Southall, J. C. (Eds.) Helmholtz's Treatise on Physiological Optics Volume II The Sensations of Vision. The Optical Society of America.

Helmholtz, H. von (1925) Southall, J. C. (Eds.) Helmholtz's Treatise on Physiological Optics Volume III The Perceptions of Vision. The Optical Society of America.

ヘルムホルツ, H. von／三好助三郎 (訳) (1862) 自然科学の科学全体に対する関係について. 世界の大思想全集 社会・宗教・科学思想篇 34. 河出書房新社, pp. 28-46.

ヘルムホルツ, H. von／三好助三郎 (訳) (1854) 自然力の交互作用とそれに関する物理学の最近の業績について. 世界の大思想全集 社会・宗教・科学思想篇 34. 河出書房新社, pp. 5-28.

ヘルムホルツ, H. von／高林武彦 (訳) 湯川秀樹・井上健 (編) (1847) 力の保存についての物理学的論述. 世界の名著 65 現代の科学 I. 中央公論社, pp. 231-283.

Herbert, B. M., & Pollatos, O. (2012) The body in the mind: on the relationship between interoception and embodiment. *Topics in Cognitive Science*, **4**, 692-704.

Hermann, A. von (1973) *Max Planck In Selbstzeugnissen und Bilddokumenten Dargestellt*. Rowohlt Taschenbuch Verlag GmbH, Reinbek bei

文　　献

Hamburg.（ヘルマン，A. 生井沢寛・林憲二（訳）（1977）プランクの
生涯．東京図書株式会社．）

Hogeveen, J., Bird, G., Chaum, A., Krueger, F., & Grafman, J.（2016）Acquired alexithymia following damage to the anterior insula. *Neuropsychologia*, **82**, 142-148.

Holmes, S. E., Hinz, R., Conen, S., Gregory, C. J., Matthews, J. C., Anton-Rodriguez, J. M., Gerhard, A., & Talbot, P. S.（2017）Elevated Translocator Protein in Anterior Cingulate in Major Depression and a Role for Inflammation in Suicidal Thinking : A Positron Emission Tomography Study. *Biological Psychiatry*, **83**, 61-69. doi : 10. 1016/j. biopsych. 2017. 08. 005.

Holst, E. von & Mittelstädt, H.（1950/1973）Das Reafferenzprinzip : Wechselwirkungen zwischen Zentralnerven-system und Peripherie. *Naturwissenschaften*, **37**, 464-76.（Original German publication, 1950.）English translation, 1973 : The reafference principle（Interaction between the central nervous system and the periphery）. In R. Martin : *The behavioral physiology of animals and man. The selected papers of Erich von Holst（Vol. 1）*, Methuen, London, UK. pp. 139-173.

井上清恒（1991）ヘルムホルツの伝——医学史ものがたり 2　医人の探索．内田老鶴圃，pp. 142-148.

乾　敏郎（1993）Q＆Aでわかる脳と視覚——人間からロボットまで．サイエンス社.

乾　敏郎（2013）脳科学からみる子どもの心の育ち——認知発達のルーツをさぐる．ミネルヴァ書房.

乾　敏郎（共著）（2017）自由エネルギー原理に基づく睡眠と瞑想の統一理論．鎌田東二（編）心身変容の科学——瞑想の科学．サンガ，pp. 214-234.

Inui, T.（2013）Toward a unified framework for understanding the various symptoms and etiology of autism and Williams syndrome. *Japanese Psychological Research*, **55**, 99-117.

Inui, T., Kumagaya, S., & Myowa-Yamakoshi, M.（2017）Neurodevelopmental hypothesis about the etiology of autism spectrum disorders. *Fron-*

tiers in Human Neuroscience, **11**, 354. doi : 10. 3389/fnhum. 2017. 00354.

Joffily, M., & Coricelli, G. (2013) Emotional valence and the free-energy principle. *PLOS Computational Biology*, **9**, e1003094.

川人光男・乾 敏郎 (1990) 視覚大脳皮質の計算理論. 電子情報通信学会論文誌, *J73-D-II*, 1111-1121.

Keizer, A., Smeets, M. A., Dijkerman, H. C., Uzunbajakau, S. A., van Elburg, A., & Postma, A. (2013) Too Fat to Fit through the Door : First Evidence for Disturbed Body-Scaled Action in Anorexia Nervosa during Locomotion. *PLoS One*, **8**, e64602. doi : 10. 1371/journal. pone. 0064602. Print 2013.

Kent, S., Bluthé, R. M., Kelley, K. W., & Dantzer, R. (1992) Sickness behavior as a new target for drug development. *Trends in Pharmacological Sciences*, **13**, 24-28.

Kim, M. J., Loucks, R. A., Palmer, A. L., Brown, A. C., Solomon, K. M., Marchante, A. N., & Whalen, P. J. (2011) The structural and functional connectivity of the amygdala : from normal emotion to pathological anxiety. *Behavioural Brain Research*, **223**, 403-410.

Kohler, E., Keysers, C., Umiltà, M. A., Fogassi, L., Gallese, V., & Rizzolatti, G. (2002) Hearing sounds, understanding actions : Action representation in mirror neurons. *Science*, **297**, 846-848.

Levenson, R. W. (2003) Blood, sweat, and fears : The autonomic architecture of emotion. *Annals of the New York Academy of Sciences*, **1000**, 348-366.

Lewis, M. (2000) The emergence of human emotions. *Handbook of Emotions, 2nd ed*. New York : Guilford Press, pp. 265-280.

Lhermitte, F., Pillon, B., & Serdaru, M. (1986) Human autonomy and the frontal lobes. Part I : Imitation and utilization behavior : A neuropsychological study of 75 patients. *Annals of Neurology*, **19**(4), 326-334.

Litt, A., Plassmann, H., Shiv, B., & Rangel, A. (2011) Dissociating valuation and saliency signals during decision-making. *Cerebral Cortex*, **21**, 95-102.

文　献

Lou, H. C., Skewes, J. C., Thomsen, K. R., Overgaard, M., Lau, H. C., Mouridsen, K., & Roepstorff, A. (2011) Dopaminergic stimulation enhances confidence and accuracy in seeing rapidly presented words. *Journal of Visualized Experiments*, **11**, pii : 15. doi : 10. 1167/11. 2. 15.

前川亮・乾 敏郎 (2017) 課題情動的な身体状態の変化がアイオワ・ギャンブル課題に及ぼす影響とその個人差，第41回日本神経心理学会学術集会.

Milad, M. R., Quinn, B. T., Pitman, R. K., Orr, S. P., Fischl, B., & Rauch, S. L. (2005) Thickness of ventromedial prefrontal cortex in humans is correlated with extinction memory. *Proceedings of the National Academy of Sciences*, **102**, 10706-10711.

Mobbs, D., Petrovic, P., Marchant, J. L., Hassabis, D., Weiskopf, N., Seymour, B., Dolan, R. J., & Frith, C. D. (2007) When fear is near : threat imminence elicits prefrontal-periaqueductal gray shifts in humans. *Science*, **317**, 1079-1083.

Morris, A. L., Cleary, A. M., & Still, M. L. (2008) The role of autonomic arousal in feelings of familiarity. *Consciousness and Cognition*. **17**, 1378-1385.

Moseley, G. L., Olthof, N., Venema, A., Don, S., Wijers, M., Gallace, A., & Spence, C. (2008) Psychologically induced cooling of a specific body part caused by the illusory ownership of an artificial counterpart. *Proceedings of the National Academy of Sciences of the United States of America*, **105**, 13169-13173.

Nahab, F. B., Kundu, P., Gallea, C., Kakareka, J., Pursley, R., Pohida, T., Miletta, N., Friedman, J., & Hallett, M. (2011) The neural processes underlying self-agency. *Cerebral Cortex*, **21**, 48-55.

Nakano, M., Tamura, Y., Yamato, M., Kume, S., Eguchi, A., Takata, K., Watanabe, Y., & Kataoka, Y. (2017) NG2 glial cells regulate neuroimmunological responses to maintain neuronal function and survival. *Scientific Reports*, **7**, 42041. doi : 10. 1038/srep42041.

Nili, U., Goldberg, H., Weizman, A., & Dudai, Y. (2010) Fear thou not : activity of frontal and temporal circuits in moments of real-life courage.

Neuron, **66**, 949-962.

Ochsner, K. N., Ray, R. D., Cooper, J. C., Robertson, E. R., Chopra, S., Gabrieli, J. D., & Gross, J. J. (2004) For better or for worse : neural systems supporting the cognitive down- and up-regulation of negative emotion. *Neuroimage*, **23**, 483-499.

Ogawa, K., Inui, T., & Sugio, T. (2006) Separating brain regions involved in internally guided and visual feedback control of moving effectors : an event-related fMRI study. *Neuroimage*, **32**(4), 1760-1770.

Ogawa, K., & Inui, T. (2007) Lateralization of the posterior parietal cortex for internal monitoring of self-versus externally generated movements. *Journal of Cognitive Neuroscience*, **19**, 1827-1835.

Palaniyappan, L., & Liddle, P. F. (2012) Does the salience network play a cardinal role in psychosis? An emerging hypothesis of insular dysfunction. *Journal of Psychiatry & Neuroscience*, **37**, 17-27.

Paulus, M. P., & Stein, M. B. (2006) An insular view of anxiety. *Biological Psychiatry*, **60**, 383-387.

Pellicano, E., & Burr, D. (2012) When the world becomes 'too real' : a Bayesian explanation of autistic perception. Trends in Cognitive Science **16**, 504-510.

Planck, M. K. E. L. (1958) *Physikalische Abhandlungen und Vorträge.* Braunschweig : Vieweg, **3v**, p. 375.

Plutchik, R. (2001) The Nature of Emotions-Human emotions have deep evolutionary roots, a fact that may explain their complexity and provide tools for clinical practice. *American Scientist*, **89**, 344-350.

Preuschoff, K., Quartz, S. R., & Bossaerts, P. (2008) Human insula activation reflects risk prediction errors as well as risk. *The Journal of Neuroscience*, **28**, 2745-2752.

Quattrocki, E., & Friston, K. (2014) Autism, oxytocin and interoception. *Neuroscience and Biobehavioral Reviews*, **47**, 410-430.

Raij, T. T., Numminen, J., Närvänen, S., Hiltunen, J., & Hari, R. (2009) Strength of prefrontal activation predicts intensity of suggestion-induced pain. *Human Brain Mapping*, **30**, 2890-2897.

Rainville, P., Hofbauer, R. K., Paus, T., Duncan, G. H., Bushnell, M. C., & Price, D. D. (1999) Cerebral mechanisms of hypnotic induction and suggestion. *Journal of Cognitive Neuroscience*, **11**, 110-125.

Ramachandran, V. S. (2003) *The emerging mind*. Profile Books Limited. (ラマチャンドラン，V. S. 山下篤子（訳）（2005）脳のなかの幽霊、ふたたび. 角川書店.)

Ramsay, D. S., & Woods, S. C. (2014) Clarifying the roles of homeostasis and allostasis in physiological regulation. *Psychological Review*, **121**, 225-247.

Russell, J. A., & Barrett, L. F. (1999) Core affect, prototypical emotional episodes, and other things called emotion : dissecting the elephant. *Journal of Personality and Social Psychology*, **76**, 805-819.

Saddoris, M. P., Cacciapaglia, F., Wightman, R. M., & Carelli, R. M. (2015) Differential dopamine release dynamics in the nucleus accumbens core and shell reveal complementary signals for error prediction and incentive motivation. *The Journal of Neuroscience*, **35**, 11572-11582.

Sarinopoulos, I., Grupe, D. W., Mackiewicz, K. L., Herrington, J. D., Lor, M., Steege, E. E., & Nitschke, J. B. (2009) Uncertainty during anticipation modulates neural responses to aversion in human insula and amygdala. *Cerebral Cortex*, **20**, 929-940.

笹岡貴史・乾敏郎（2012）視点変換・心的回転に関わる脳内基盤の検討： fMRI 研究. 日本認知心理学会第10回大会発表論文集.

Schachter, S., & Singer, J. E. (1962) Cognitive, social, and physiological determinants of emotional state. *Psychological Review*, **69**, 379-399.

Schultz, W., Dayan, P., & Montague, P. R. (1997) A neural substrate of prediction and reward. *Science*, **275**, 1593-1599.

Seth, A. K., & Friston, K. J. (2016) Active interoceptive inference and the emotional brain. *Philosophical Transactions of the Royal Society B*, **371**, 0007

Seth, A. K., Suzuki, K., & Critchley, H. D. (2012) An interoceptive predictive coding model of conscious presence. *Frontiers in Psychology*, **2**, 395, (1-16). doi : 10. 3389/fpsyg. 2011. 00395.

Setiawan, E., Wilson, A. A., Mizrahi, R., Rusjan, P. M., Miler, L., Rajkowska, G., Suridjan, I., Kennedy, J. L., Rekkas, P. V., Houle, S., & Meyer, J. H. (2015) Role of translocator protein density, a marker of neuroinflammation, in the brain during major depressive episodes. *JAMA Psychiatry*, **72**, 268-275.

Shah, P., Hall, R., Catmur, C., & Bird, G. (2016) Alexithymia, not autism, is associated with impaired interoception. *Cortex*, **81**, 215-220.

Shipp, S., Adams, R. A., & Friston, K. J. (2013) Reflections on agranular architecture : predictive coding in the motor cortex. *Trends in Neurosciences*, **12**, 706-716.

Silani, G., Bird, G., Brindley, R., Singer, T., Frith, C., & Frith, U. (2008) Levels of emotional awareness and autism : an fMRI study. *Social Neuroscience*, **3**, 97-112.

Simmons, A., Matthews, S. C., Paulus, M. P., & Stein, M. B. (2008) Intolerance of uncertainty correlates with insula activation during affective ambiguity. *Neuroscience Letters*, **430**, 92-97.

Stephan, K. E., Manjaly, Z. M., Mathys, C. D., Weber, L. A., Paliwal, S., Gard, T., Tittgemeyer, M., Fleming, S. M., Haker, H., Seth, A. K., & Petzschner, F. H. (2016) Allostatic self-efficacy : A metacognitive theory of dyshomeostasis-induced fatigue and depression. *Frontiers in Human Neuroscience*, **10** : 550. doi : 10. 3389/fnhum. 2016. 00550.

Sterling, P. (2012) Allostasis : a model of predictive regulation. *Physiology and Behavior*, **106**, 5-15.

菅井純一 (1961) ヘルムホルツ解説. 世界の大思想全集 社会・宗教・科学思想篇 34. 河出書房新社, pp. 275-277.

Synofzik, M., Thier, P., Leube, D. T., Schlotterbeck, P., & Lindner, A. (2010) Misattributions of agency in schizophrenia are based on imprecise predictions about the sensory consequences of one's actions. *Brain*, **133**, 262-271.

文　献

Thayer, J. F., & Lane, R. D. (2009) Claude Bernard and the heart-brain connection : further elaboration of a model of neurovisceral integration. *Neuroscience & Biobehavioral Reviews*, **33**, 81-88.

Treadway, M. T., Buckholtz, J. W., Cowan, R. L., Woodward, N. D., Li, R., Ansari, M. S., Baldwin, R. M., Schwartzman, A. N., Kessler, R. M., & Zald, D. H. (2012) Dopaminergic mechanisms of individual differences in human effort-based decision-making. *The Journal of Neuroscience*, **32**, 6170-6176.

Tsakiris, M., Tajadura-Jiménez, A., & Costantini, M. (2011) Just a heartbeat away from one's body : interoceptive sensitivity predicts malleability of body-representations. *Proceedings of the Royal Society B : Biological Sciences*, **278**, 2470-2476.

Viviani, D., Charlet, A., van den Burg, E., Robinet, C., Hurni, N., Abatis, M., Magara, F., & Stoop, R. (2011) Oxytocin selectively gates fear responses through distinct outputs from the central amygdala. *Science*, **333**, 104-107.

Viviani, D., Terrettaz, T., Magara, F., & Stoop, R. (2010) Oxytocin enhances the inhibitory effects of diazepam in the rat central medial amygdala. *Neuropharmacology*, **58**, 62-68.

Wade, N. J. (1994) Hermann von Helmholtz (1821-1894). *Perception*, **23**, 981-989.

Wilson-Mendenhall, C. D., Barrett, L. F., & Barsalou, L. W. (2013) Neural evidence that human emotions share core affective properties. *Psychological Science*, **24**, 947-956.

Winslow, J. T., Noble, P. L., Lyons, C. K., Sterk, S. M., & Insel, T. R. (2003) Rearing effects on cerebrospinal fluid oxytocin concentration and social buffering in rhesus monkeys. *Neuropsychopharmacology*, **28**, 910-918.

Wu, X., Fu, Y., Knott, G., Lu, J., Di Cristo, G., & Huang, Z. J. (2012). GABA signaling promotes synapse elimination and axon pruning in developing cortical inhibitory interneurons. *The Journal of Neuroscience*, **32**, 331-343. doi : 10. 1523/JNEUROSCI. 3189-11. 2012.

山添貴志・前川亮・朝倉暢彦・乾 敏郎 (2017) 観察者の生理指標を用いた他者感情価推定の予測モデル. 日本認知心理学会第15回大会.

湯川秀樹・井上健 (1973) 十九世紀の科学思想. 湯川秀樹・井上健 (編) 世界の名著65 現代の科学Ⅰ. 中央公論社, pp. 5-115.

お わ り に

　長い間，感情とはとらえどころのないものであると思ってきた。感情が認知や行動に及ぼす影響についての研究や，感情障害に関する神経心理学的・精神医学的研究は，かなり以前から多数発表されてきた。しかしながら，感情とはそもそも何なのか，感情はどのようなしくみによって生ずるのかということを教えてくれる研究は，ほとんどなかったように思う。

　2011年末から2013年４月まで，ミネルヴァ書房発刊のPR誌「究」に，「人の認知発達のルーツをさぐる」と題して連載をした。これは2013年に単行本としてまとめられ，『脳科学からみる子どもの心の育ち――認知発達のルーツをさぐる』と題して同じくミネルヴァ書房より出版された。この本の中でも子どもの共感性機能や乳児の気質に関する研究については紹介したが，感情そのものについて触れることはできなかった。

　誰しも研究生活の中で，ときたま強烈なインパクトを与える書物や論文に出会うことがある。私の場合には，1982年に出版されたマーの *Vision*（乾・安藤訳『ビジョン――視覚の計算理論と脳内表現』産業図書，1987年）がその１つである。この本は，そもそも視覚とは何のためにあり，その目的を達成するためにどのような処理をしているのかを，心理物理学，脳生理学など幅広い知見に基づき深く考察している。その後の視覚心理学，認知科学に多大な影響を与えたことは言うまでもない。ラメルハートとノーマンが1981年に出版

した *Parallel Models of Associative Memory*（Lawrence Erlbaum Associates）も私にとって重要な書物である。この本の書き出しは実に刺激的で，「これは難しい本である。難しいが重要である。本書を理解するには，数学，神経生理学，コンピュータサイエンスと心理学の知識が必要である」とある。この本もやはり，その後の認知心理学，認知科学，コンピュータサイエンスに大きな影響を与えた。またこの本が扱っている技術は，現在大いに注目されているAI のルーツでもある。1996年に出版されたエルマンらの *Rethinking Innateness*（乾・今井・山下訳『認知発達と生得性——心はどこから来るのか』共立出版，1998年）もそうである。この本は，分担執筆ではなく6人の著者が議論しながら原稿を書き上げたという点も非常に魅力的であった。しかし何より重要だったのは，表象レベルの生得性を否定し，領域一般に成り立つ学習方式で認知発達のさまざまな特徴をとらえることができることを示した点にある。

　私は2010年頃から自閉症の発症メカニズムに関するモデル作りに取り掛かり，少し後には東京大学の熊谷晋一郎准教授，京都大学の明和政子教授との共同研究をスタートさせた。このモデル作りは，最終的には2017年7月に国際誌に発表済みの論文として結実している。こうした自閉症の研究を進めるかたわら，感情のメカニズムについても考えないといけないと思いつつ，感情というのはやはりなかなかとらえどころのない難問であるという気持ちが強く残っていた。そんなとき，セスの手になる論文 "An interoceptive predictive coding model of conscious presence（意識的存在感の内受容予測符号化モデル）" に出会った。2012年のことである。この論文は，先ほど挙げた幾冊かの書物と同様，私にとって強烈なインパクトをも

たらすものであった。当時私の研究室でも研究を進めていた自己主
体感を生み出す機構や，統合失調症の幻覚，妄想などに関するベイ
ズモデルなども含めて，セスはフリストンの自由エネルギー原理を
内受容システムに適用し，感覚に関するメカニズムを詳しく考察し
ていたのである。フリストンの自由エネルギー原理は，本書でも述
べたように2005年頃から発表され，われわれも知ってはいたが，主
として外受容システムや行動に適応されたものであった。われわれ
が1990年にすでに川人光男先生と発表した『視覚大脳皮質の計算理
論』との違いもそれほど感じられず，あまり注目していなかったの
である。セスの論文によって，自由エネルギー原理の重要性を再認
識することができた。本書で述べたように，これらの研究の根底に
あるものは，ヘルムホルツの無意識的推論である。彼の考えはマー
の書により発展され，さらには統合失調症の問題など臨床医学にも
多大な貢献をしてきた。このセスの論文以降，ヘルムホルツの無意
識的推論の考え方は，感情をとらえる上できわめて重要であるとい
う認識が強まっている。本書はこのようなことを背景に，感情とは
どのようなしくみで発生するのか，また感情障害はなぜ起こるのか
について，できるだけわかりやすく紹介・解説するようにつとめた。

　最後に，本書の執筆にあたり，原稿を読んでいただき，適切なア
ドバイスをいただいた浜松医科大学子どものこころ発達研究セン
ターの岩渕俊樹先生，細胞情報医学の観点からご教示いただいた名
古屋大学名誉教授の曽我部正博先生に感謝申し上げます。また本書
を出版するにあたり，ミネルヴァ書房の丸山碧さんには大変お世話
になりました。記して感謝いたします。

将軍山の研究室にて　　乾　敏郎

索　引

（＊印は人名）

あ　行

アイオワギャンブル課題　62,108,111
アセチルコリン　101
α 運動ニューロン　136
アレキシサイミア　59,94
アロスタシス　14,84,117,138
アントン症候群　131
意思決定　28
痛み　56,62
一時的自己　50,147
一次報酬　30
＊乾 敏郎　44
インターフェロン　86
うつ病　80,84
＊ヴント（Wundt, W. M.）　162
運動サーボ　135
　　──機構　135
運動神経　9
運動制御　138
運動模倣　151
運動野　20,135
永続的自己　50
エネルギー保存則　160
エピソード記憶　50
エピネフリン　17
炎症　80
炎症性サイトカイン　86,87,90
遠心性コピー　46
エントロピー　134,139,154
オキシトシン　99,103,104,140,151

か　行

外受容感覚　16

階層的推論　126
階層的ベイズ推定　127
海馬　21
　　──傍回　26
覚醒度　5,27,57
下前頭回　52,56
価値　27,28
　　──カテゴリ　29
下頭頂小葉　55
刈り込み　101,103
カルバック・ライブラー情報量　64,
　　123,153
＊川人 光男　44
感覚神経　9
感覚フィードバック　48
眼窩前頭皮質　20,24,26,27,47,110,109
感受性期　101
感情価　5,27,57
感情調整　112,115
感情の2要因論　17,18,151
γ 運動ニューロン　136
既知感　61
帰納的推論　164
基本感情　3,4
逆光学　42
橋　98,100
共感　55
共感指数　98
共感スコア　56
恐怖症　93
恐怖反応　103,117
共変動バイアス　106
拒食症　148
近似逆光学　44

＊グレイ（Gray, M. A.） 60
ゲイン 66
ゲーティング機能 34
結合係数 36,65
原因の推定 71
顕著性 110
　　——ネットワーク 147
コア 36
効果器 11
光学 43
交感神経 9
構造異常 55
行動価値関数 35
行動選択 33
後部眼窩前頭皮質 82
後部頭頂皮質 46,145
興奮性 36
合理的意思決定 28
ゴムの手錯覚 141
コロラリ放電 162

　　　　さ　行

最急降下法 72
再生 61
最大事後確率推定 67,69,122
サイトカイン 85
再認 61
催眠 62,142,144
　　——暗示 144
　　——誘導 145
させられ体験 50,143
サプライズ 117,149,153
シェル 29,35
視覚イメージ 42
自己意識 25
事後確率 67
自己効力感 81,84
自己主体感 50,51,142,147,152
自己受容感覚 16,46,104,133

自己焦点群 113
自己所有感 50,141,147
自己存在感 50,51,142,147
視床 19
　　——下部 19,21,22,24,30
事前確率 67
事前知識 120
視聴覚ミラーニューロン 53,137
実行機能 146
自伝的記憶 50
シナプス 36,65
自閉症／自閉症スペクトラム障害 96,
　　155
＊シモンズ（Simmons, W. K.） 48
社会脳 100
シャノンのサプライズ 64,127,137
自由エネルギー 117,137,149,153
自由エネルギー原理 90,124,132,150
自由エネルギーのダイナミクス 150
皺眉筋 58
主観的価値 110
純粋自律神経不全症 25
状況焦点群 113
条件付き確率 67,120
上側頭溝 55
状態不安 93
情動 6
常同行動 104
情動トリガー部位 23
小脳 19
自律神経 9,10,15,19,42
新規性恐怖 103
神経管閉鎖 99,100
神経修飾物質 65
神経振動子 163
心臓血管反応 103
心臓収縮期 141
身体的自己 82
心拍弁別課題 59

索　引

心拍追跡課題　97
推論　42,66
ストリオソーム　35
制御対象　11
精度　66,74
　　——精神医学　74
生理光学ハンドブック　161
脊髄　19,21
接近行動　104
設定値の変更　24
セロトニン　33
潜在的感情調整　116
線条体　33
前帯状皮質　20,22,24,47,82,88,110,
　　139,145,151
前帯状皮質膝下部　85,114
前島　48,118,147
前頭極　20
前頭葉　29
側坐核　21,29,35,110,118
側頭極　26
側頭葉　28
ソマティックマーカー　28,109,111

た　行

体温調節　11
大頬骨筋　58
胎児　99
帯状皮質　26
体性感覚野　135
大脳基底核　21,29,31
　　——ループ　32
第六感　62
多感覚統合　48
＊ダマシオ（Damasio, A. R.）　6,109
探索フェーズ　108
淡蒼球　30,33
注意　63,64
中央実行系　62

中央実行ネットワーク　145,146
中核感情　5
聴覚フィードバック　94
腸チフス　89,107
長連合線維　101
直感的意思決定　28,111,118,141
吊り橋効果　60
吊り橋実験　18
低事前確率　155
デフォルトモードネットワーク　146
＊デュ・ボア・レーモン（du Bois-Rey-
　　mond, E.）　159
島　20,24-26,56,110,146
動因　29
統合失調症　143,155
瞳孔反応　62
ドーパミン　31,33,36,37,88,93,104
閉じ込め状態　85

な　行

内受容感覚　16,47,142
　　——の自己評価　95
　　——の精度　95
内受容感度　95
内受容特性予測誤差　97
内臓運動皮質　22,47,82,151
内臓状態　42
内側眼窩前頭皮質　22
内分泌　90
二次体性感覚野　144
二次報酬　30
入力原理　163
２要因論　25
認知的再評価　112
ネガティブな感情　149
脳幹　19,21,24,99,117
能動的推論　131,137,141,145,149,151
脳の階層構造　126
ノルアドレナリン　101

197

ノルエピネフリン 89

は 行

パーソナリティ 111
バーチュアルリアリティ 147
背外側前頭前野 144
背側線条体 21
罰 28, 31, 87
発汗反応 62
パルブアルブミン陽性細胞 101
＊バレット（Barrett, L. B.） 4, 5, 48
反射弓 133, 140
被殻 21
比較器 48
皮質下回路 21
尾状核 21
表情認知 89
不安傾向 80
不安障害 92
フィードバック信号 46
フォン・エコノモ・ニューロン 51, 96,
　139
＊フォン・ホルスト（von Holst, E.） 163
副交感神経 9, 115
腹側線条体 21
腹内側前頭前野 20
不耐性 106
不確かさ 105
負のフィードバック 10
＊フリス（Frith, C. D.） 143
＊フリストン（Friston, K.） 124
＊プルチック（Plutchik, R.） 3
＊ブロードマン（Brodmann, K.） 20
平均サプライズ 139
ベイズサプライズ 64
ベイズの反転公式 122
ベイズモデル 120
ヘッドマウントディスプレイ 142
＊ヘルムホルツ（von Helmholtz, H.） 42,

120, 158
——の自由エネルギー 127
辺縁系ループ 35
辺縁皮質 26
扁桃体 21, 22, 26, 27
報酬 28, 31, 87
——予測 29
＊ホーゲフェーン（Hogeveen, J.） 59
ポジティブな感情 149
ポピュレーションコーディング 158,
　162
ホメオスタシス 10, 13, 21, 24, 80, 138
——反射弓 151

ま 行

マインドワンダリング 146
マトリクス 35
ミクログリア 88
ミラーニューロン 52, 136
魅力 29, 36
無意識的な推論 42, 131, 151, 154
無顆粒皮質 82
瞑想 142
免疫 90
免疫細胞 80
モーフィング 57
目標値 10
モチベーション 29
モニタリング 46
模倣行動 54
模倣抑制 95

や 行

ヤング-ヘルムホルツの理論 158
誘因 29
誘因価 29, 35
幽体離脱的体験 142
抑制性 36
予測誤差 44, 48, 107, 162

索　引

報酬——　31
　——の抑制　133, 139
予測信号　48
　——の更新式　154
予測制御　45

ら　行

＊ラッセル（Russell, J. A.）　5, 57
＊ラマチャンドラン（Ramachandran,V.
　　　S.）　131
リスク　107
リスク予測　107
　——誤差　107
＊リゾラッティ（Rizzolatti,G）　52
両側の扁桃体を損傷　23
利用フェーズ　109
臨界期　101

レムオフ細胞　99
レムオン細胞　99

欧　文

ACC　20
BCM 理論　102
EQ　98
GABA　100, 101, 134, 151
　——スイッチ　99
IAPS　113
ITPE　98
like-me システム　54, 55, 57
PTSD　93, 115
SCR　109, 114
VEN　52
vmPFC　109

〈著者紹介〉

乾　敏郎 （いぬい・としお）

京都大学大学院文学研究科教授，情報学研究科教授などを経て現在，金沢工業大学客員教授，関西大学客員教授，京都大学名誉教授，日本認知科学会フェロー，日本神経心理学会名誉会員，日本認知心理学会名誉会員，日本高次脳機能学会特別会員，日本発達神経科学学会理事。文学博士，工学修士。専門領域は，認知神経科学，認知科学，計算論的神経科学，発達神経科学。

著書に，
『脳科学からみる子どもの心の育ち：認知発達のルーツをさぐる』（ミネルヴァ書房，2013年）
『脳の大統一理論：自由エネルギー原理とはなにか』（共著，岩波書店，2020年）
『自由エネルギー原理入門：知覚・行動・コミュニケーションの計算理論』（共著，岩波書店，2021年）
『脳科学はウェルビーイングをどう語るか？：最新科学が明かすふれあいとコミュニケーションの力』（共著，ミネルヴァ書房，2023年）
『生誕100年 安部公房：21世紀文学の基軸』（共著，平凡社，2024年）
『脳の本質：いかにしてヒトは知性を獲得するか』（共著，中公新書，2024年）ほか多数

訳書に，
『ビジョン：視覚の計算理論と脳内表現』（D. Marr，共訳，産業図書，1987年）
『PDP モデル：認知科学とニューロン回路網の探索』（D. Rumelhart ら，共訳，産業図書，1989年）
『認知発達と生得性：心はどこから来るのか』（J. L. Elman ら，共訳，共立出版，1998年）
『能動的推論：心，脳，行動の自由エネルギー原理』（T. Parr ほか，訳，ミネルヴァ書房，2022年）ほか

感情とはそもそも何なのか
――現代科学で読み解く感情のしくみと障害――

| 2018年9月30日　初版第1刷発行 | 〈検印省略〉 |
| 2024年12月1日　初版第9刷発行 | |

定価はカバーに
表示しています

著　者	乾		敏　郎
発行者	杉	田	啓　三
印刷者	坂	本	喜　杏

発行所　株式会社　ミネルヴァ書房

607-8494　京都市山科区日ノ岡堤谷町1
電話代表　(075)581-5191
振替口座　01020-0-8076

ⓒ乾 敏郎, 2018　　富山房インターナショナル・新生製本

ISBN 978-4-623-08372-5
Printed in Japan

脳科学はウェルビーイングをどう語るか？　四六版　172頁
本　体　2200円
──最新科学が明かすふれあいと
　　コミュニケーションの力
乾　敏郎・門脇加江子 著

能動的推論　A5判　352頁
本　体　3500円
──心，脳，行動の自由エネルギー原理
トーマス・パー／ジョバンニ・ペッツーロ／カール・フリストン 著
乾　敏郎 訳

脳科学からみる子どもの心の育ち　四六判　268頁
本　体　2800円
──認知発達のルーツをさぐる
乾　敏郎 著

発達科学の最前線　A5判　228頁
本　体　2500円
板倉昭二 編著

よくわかる認知科学　B5判　196頁
本　体　2500円
乾　敏郎・吉川左紀子・川口　潤 編

よくわかる情動発達　B5判　228頁
本　体　2500円
遠藤利彦・石井佑可子・佐久間路子 編著

──────── ミネルヴァ書房 ────────

https://www.minervashobo.co.jp/